INQUISITION

INQUISICIÓN

Robert Held

A bilingual Guide
to the exhibition of

TORTURE INSTRUMENTS
FROM THE MIDDLE AGES
TO THE INDUSTRIAL ERA

presented in various
European cities

Guía bilingüe
de la exposición de

INSTRUMENTOS DE TORTURA
DESDE LA EDAD MEDIA
A LA EPOCA INDUSTRIAL

presentada en diversas
ciudades europeas

Photographs/Fotografías: Marcello Bertoni

Spanish translation/Traducción española: Amor Gil

QUA D'ARNO
PUBLISHERS/EDITORIAL

FLORENCE
FLORENCIA

A BILINGUAL GUIDE
TO THE EXHIBITION OF

TORTURE INSTRUMENTS

FROM THE MIDDLE AGES
TO THE INDUSTRIAL ERA

PRESENTED IN VARIOUS EUROPEAN CITIES

PHOTOGRAPHS by Marcello Bertoni, Florence.
SPANISH TRANSLATION by Amor Gil, Barcelona.
BOOK DESIGN AND LAYOUT by Tabatha Catte, Siena.
EMBLEM OF THE SPIKED GRATE by Joshua Held, Tavarnelle V.P. (Fi.)
PHOTOCOMPOSITION, in Garth roman, by A. Mugnai, Florence.
PHOTOENGRAVING AND PLATES by R.A.F., Cascine del Riccio, Florence.

GUÍA BILINGÜE
DE LA EXPOSICION DE

INSTRUMENTOS DE TORTURA

DESDE LA EDAD MEDIA
A LA EPOCA INDUSTRIAL

PRESENTADA EN DIVERSAS CIUDADES EUROPEAS

FOTOGRAFIAS de Marcello Bertoni, Florencia.
TRADUCCION ESPAÑOLA de Amor Gil, Barcelona.
PROYECTO GRAFICO Y COMPAGINACION de Tabatha Catte, Siena.
EMBLEMA CON LA REJA CON PINCHOS de Joshua Held, Tavarnelle V.P. (Fi.)
FOTOCOMPOSICION, en caracteres Garth, de A. Mugnai, Florencia.
INSTALACIONES FOTOLITO de Fotolito R.A.F., Cascine del Riccio, Florencia.

This edition published by Dorset Press, a division of Marboro Books Corp.,
by arrangement with Robert Held.
1987 Dorset Press

ISBN 88-85035-07-8

Printed and bound in Yugoslavia
M 9 8 7 6 5 4 3 2 1

UT DESINAT

Contents

Contenido

LETTOR, *se truovi*
chosa che t'offenda
in questo modestissimo librino,
non ti maravigliar. Perché DIVINO,
et non humano,
è quel ch'è senza menda.

Dall'occhiello di alcuni libri toscani del primo Seicento

READER, *if you find*
something that offends you
in this most modest little book,
don't be surprised. Because DIVINE,
not human,
is that which hath no blemish.

From the title-pages of several early 17th-c. Tuscan books

LECTOR, *si hallas*
algo que te ofenda
en este modestisimo librito,
no te maravilles. Porque DIVINO,
y no humano,
es lo que non tiene falta.

De la portada de algunos libros toscanos de principios del s. XVII.

A Few Words of Reflection

- ON THE EXHIBITION
- ON "INQUISITION"
- ON TORTURE
- ON THE DEATH PENALTY
- ON TORTURE AND WOMEN
- ABOUT YOU, READER, AND ABOUT ME.

FIRST: ON THIS EXHIBITION.

FIRST OPENED to the public in Florence, Italy, in April 1983, this undertaking, internationally famous almost overnight, closed in Barcelona, Spain, in 1986. It constituted a formidable appeal against the criminality of governments and power structures of all times and places — an appeal that was appreciated by nearly all the reviewers and commentators in the press, on television and over the wireless in Europe and in the United States. It may soon be revived. It should not be confused with the many tawdry commercial imitations that have mushroomed in its wake.

For the present, the historical range of its contents ended in about 1880–1900 because the planned updating to include torture in today's world — flourishing widely, as everyone who wants to know knows — imposes the observation of scrupulous objectivity and rigorous precision in every aspect, especially the political one: requirements that can be satisfied only by long and costly preparations, partly in collaboration with Amnesty International and similar organisations. This work is under way but the goal is still distant.

About eighty-five instruments were shown, counting major and minor ones: means of capital punishment, public humiliation and torture. About three fourths of these were originals dating back to the sixteenth, and seventeenth and eighteenth centuries, while the rest

Unas Palabras de Reflexion

— SOBRE ESTA EXPOSICION
— SOBRE «INQUISICION»
— SOBRE LA TORTURA
— SOBRE LA PENA DE MUERTE
— SOBRE LA TORTURA Y LAS MUJERES
— SOBRE TI, LECTOR, Y SOBRE MI

PRIMERO: SOBRE ESTA EXPOSICION.

INAUGURADA EN ABRIL DE 1983 en Florencia, esta iniciativa, ya célebre a nivel internacional, constituye un formidable testimonio contra la brutalidad del poder en cualquier lugar y tiempo — hecho que ha sido apreciado por la casi totalidad de la crítica en la prensa, en la televisión y en la radio, en Europa y en Estados Unidos.

El periodo histórico de su contenido termina, por ahora, en 1880-1900 apróximadamente, porque la actualización prevista hasta la tortura en el mundo contemporáneo — muy difundida, como sabe todo el que quiere saberlo — impone observar una escrupulosa objetividad y rigurosa precisión bajo todos los aspectos, especialmente político: exigencias que se pueden satisfacer sólo a través de largos y costosos preparativos apoyados, en parte, incluso en la colaboración con Amnesty International y con entidades similares. Estos trabajos están en curso de realización, pero su conclusión está todavía lejos.

Actualmente se exponen unos ochenta y cinco instrumentos entre mayores y menores: de ejecución o pena capital, de humillación pública y de tortura propiamente dicha. Apróximadamente tres cuartos de estos son originales y se remontan a los siglos XVI y XVIII, mien-

were accurate reconstructions made in the last hundred and fifty years or so. *This collection is unique in the world today.* Judging from what can be exhumed out of press archives, nothing like it had been offered to the public since 1908–09, when an exhibition entitled DIE HEILIGE INQUISITION: WESEN, METHODEN UND WIRKUNG — The Holy Inquisition: Its Essence, Methods and Effects — was held in Berlin. This drew heavily on two celebrated nineteenth-century collections: the Desjardins of Marseilles and the Friedlaender-Manin of Venice, both long since dispersed but of which about twenty pieces, having wandered through the world's antique markets, were included here.

All the objects belong to a consortium of eighteen European and three American owners — not sadists given to murky practices but quite ordinary people who happened to have come into possession, some by inheritance, some by casual purchase, of devices which, if they repel, are nonetheless important historical documents that must be preserved or, better still, be put to socially positive use. Hence the proceeds of the exhibition were set aside, after the deduction of operating costs, not only for the updating to modern torture but for the creation of a permanent anti-torture museum in Europe.

SECOND: ON "INQUISITION"

The title of this exhibition was "Inquisition", without the logoplastic article. Not *The* Inquisition, but "Inquisition". Why?

Nearly everyone has some notion about *the* Inquisition: at the very least, that it was a Catholic-Church-ordained and -perpetuated hunt for, and destruction of, dissenters, apostates, heretics, Jews, witches, warlocks, alchymists and anyone else out of ecclesiastical favour; that it operated mainly in Spain a long time ago, say from the Middle Ages to the French Revolution; and that it achieved its ends by means so relentless and ferocious that history had recorded nothing comparable until the Holocaust of 1939–45.

tras los restantes son reconstrucciones filológicas de los siglos XIX y XX. Esta colección es única en el mundo. Estando a los hechos nada similar se ha ofrecido al público desde 1908-1909, años en los que tuvo lugar en Berlín una exposición con el título de DIE HEILIGE INQUISITION: WESEN, METHODEN UND WIRKUNG — *La Santa Inquisición: su esencia, métodos y efectos* — que recogía numeroso material de dos famosas colecciones del siglo pasado: la Desjardins de Marsella y la Friedlaender-Manin de Venecia, ambas dispersadas ahora pero de la que unas veinte piezas, después de pasar por el mercado de antigüedades, se incluyen en esta exposición.

Todos los objetos pertenecen a un consorcio de dieciocho propietarios europeos y tres estadounidenses — no sádicos con oscuros deseos, sino personas normales a las que les llegaron por herencia o por compras casuales, objetos que, aunque repugnen, son siempre testimonios históricos que deben conservarse, o mejor aún que deben utilizarse para fines sociales positivos. Por lo tanto, los ingresos de la exposición, una vez cubiertos los gastos de gestión, se destinan no sólo a realizar la actualización de la misma, hasta llegar a los métodos de tortura moderna, sino también a la institución en Europa de un museo permanente contra la tortura.

SEGUNDO: SOBRE «INQUISICION»

El título de esta exposición es «Inquisición», sin el artículo. No «*La* Inquisición». Solamente «Inquisición». ¿ Por qué?.

Casi todos tienen alguna idea sobre la Inquisición : como mínimo saben que era la caza y destrucción, ordenada y continuada por la Iglesia Católica, de disidentes, apóstatas, herejes, judíos, brujas, brujos, alquimistas y cualquiera que no fuese grato al clero; que tuvo lugar en España hace mucho tiempo, digamos desde la Edad Media hasta la Revolución Francesa; y que llegaba a sus fines con métodos tan implacables y feroces que la historia no recuerda nada similar hasta el Holocausto de 1939-45.

All true, so far as it goes. But there were, in fact, three Inquisitions. The first has become known as the Mediaevel or Papal one; in the sense of the present context, it may be thought of as beginning with the ever more violent suppression of the Cathari and the Waldenses by both Church and state towards the middle of the twelfth century. In 1231, Pope Gregory IX, seeing the papal prerogatives encroached upon by secular power, reserved the apprehension, trial and punishment of heretics for the Church and its agents, the Inquisitors. Soon an apparatus of terror spread throughout Germanic Europe, southern France, northern Italy and, to a lesser extent, the Christian parts of Spain. Accusations of heresy, apostasy and recusancy could be levelled against everyone by anyone, and confirmed before the inquisitors by the sworn testimony of two adult males. Torture was authorised in 1251 by Pope Inoocent IV; no doubt it was used, but the records suggest a measure that seems almost insignificant compared to what was to come in succeding centuries. Even at this early date the Dominican monks were conspicuous for participation in prosecutions, torture and executions. The inquisitorial court could condemn only to imprisonment, exile, loss of property and sometimes mutilation, but not to death — the maximum penalty within its power was life-imprisonment . . . but there was a catch: the condemned could be turned over to the secular arm of justice, there to be disposed of in any of the ways found so entertaining to young and old and shown, in small part, in the pages that follow. By about 1400 the Catharistic heresy had been stamped out and the Inquisition, as hitherto ordained and empowered, began to fade out of late mediaeval life, save for its presence in witchcraft trials.

The second or Roman Inquisition was established in 1542 by Pope Paul III specifically for the suppression of Protestantism. Its purview was intended to be limited to Italy, or rather, to those parts of Italy not under Spanish dominion; and in fact its efficacy outside the peninsula, especially in the Empire, was circumscribed

Todo esto es verdadero hasta un cierto punto. Pero en realidad había *tres* Inquisiciones. La primera es conocida como la Medieval o Pontificia; en el significado del presente contexto, se puede decir que ésta empezó con la supresión cada vez más violenta de los Cátaros y Valdenses, por parte tanto de la Iglesia como de los estados, hacia mediados del siglo XII. En 1231, el Papa Gregorio IX, viendo que las prerrogativas papales estaban agredidas por el poder secular, reservó el arresto, proceso y castigo de los herejes a la Iglesia y sus representantes, los Inquisidores. Muy pronto un aparato de terror se difundió a través de la Europa germánica, Francia meridional, Italia septentrional, y la parte cristiana de España. Cualquier persona podía acusar de herejía, apostasía y desobediencia a otra y hacerla condenar por los inquisidores con el testimonio jurado de dos testigos varones adultos. La tortura fue autorizada en 1251 por el Papa Inocencio IV; sin duda ésta fue usada, pero en los archivos se encuentra en una medida que parece casi insignificante comparada con lo que tuvo que suceder en los siglos sucesivos. En esta temprana época los Dominicos se distinguieron ya por su participación en procesos, torturas y ejecuciones. El tribunal eclesiástico podía condenar solamente a la cárcel, al destierro, a la confiscación de bienes y a veces a la mutilación, pero no a la muerte — el castigo máximo en su poder era la cadena perpetua... pero había un ardid: el condenado podía ser entregado al brazo secular de la justicia para ser matado con uno de los tantos métodos que el público encontraba tan divertidos, y que se presentan parcialmente en las páginas que siguen. Hacia 1400 la herejía Cátara se había aniquilado, y la Inquisición, con el poder y la estructura que tenía hasta este momento, empezaba a declinar en la vida de la baja Edad Media, exceptuando su presencia en los procesos por brujería.

La segunda Inquisición, o sea la Romana, fue instaurada en 1542 por el Papa Paulo III, expresamente para la supresión del Protestantismo. La intención era limitarla solamente a Italia, o sea a aquellas partes de Italia

by foreign and in particular by Habsburgian interests. But on home grounds its lust was prodigious, under Popes Paul IV (1555-59) and Pius V (1566-72) downright insatiable — Paul, a Dominican and one-time Grand Inquisitor, was himself a master of torture. The new barbarity of Christendom repelled even Turks and Saracens.

But it is the Spanish Inquisition that is generally meant when one hears or says "*the* Inquisition". The genesis of this still not fully explored nor clearly understood epicycle on the European orbit lay in the need of the new Spanish state, born out of the marriage of Ferdinand of Aragon to Isabella of Castile in 1469, to consolidate and extend its power on the Iberian peninsula. Since the economic, literary, artistic, scientific and generally intellectual life of Spain had for long been flourishing less in the Christian than in the Hebraic and Islamic spheres, it was natural for the prior to want to rob and silence, but better yet to destroy, the latter; and to that end Pope Sixtus IV in 1478 granted a bull authorising the Catholic kings to establish an inquisition, called the "Tribunal of the Holy Office", that would eliminate those Marranos and Moriscos — the nominally baptised Jews and Muslims — suspected of secret recidivism and recusancy, which was to say virtually all of them. Soon the Inquisitors, who had begun their labours in Seville, were rejoicing in blood and roasting flesh with such abandon that even the pope was a little startled and sought to impose limitations of some sort; but too late: for the Spanish rulers now had a weapon so invincible that they harboured no intention of abandoning or curtailing it, then or ever. Indeed, in 1483 they compelled Sixtus to authorise the appointment by the Spanish crown of a Gran Inquisitor, or Inquisitor-General, whose power almost at once spread throughout Castile, Aragon, Valencia and Catalonia.

The first Grand Inquisitor was the Dominican friar Tomás de Torquemada (1420-89). His name has become synonymous with ferocious cruelty, for good reason — and yet, calmly judged, he was probably no more per-

que no estaban bajo el dominio español; y en efecto su eficacia mas allá de la península, especialmente en el Imperio, era circunscrita por intereses extranjeros, en particular por aquellos de los Habsburgos. Pero en su propio terreno, su avidez era prodigiosa, bajo los Papas Paulo IV (1555-59) y Pio V (1566-72) incluso insaciable; Paulo, un Dominico y ya Gran Inquisidor, era el mismo un maestro de tortura. Las nuevas barbaridades del cristianismo repugnaban incluso a los turcos y sarracenos.

Pero es la Inquisición española que por lo general se tiene en mente cuando se oye o se dice «la» Inquisición. El génesis de este epiciclo en la órbita europea, hasta ahora no completamente explorado o comprendido, estaba en la necesidad del nuevo estado español, nacido del matrimonio de Fernando de Aragón e Isabel de Castilla en 1469, de consolidar y extender su poder en la península Ibérica. Puesto que la vida económica, literaria, artística, científica y en general intelectual de España estaba floreciendo menos en esferas cristianas que en aquellas hebreas e islámicas, era natural que los primeros desiderasen robar y acallar a los últimos, o mejor aún destruirlos; y con este fin el Papa Sixto IV en 1478 concedió una bula que autorizaba a los Reyes Católicos a instaurar una inquisición, llamada Tribunal del Santo Oficio, que habría eliminado a aquellos Marranos y Moriscos — así se llamaban los judíos y musulmanes bautizados — sospechosos de recidiva secreta, lo que quería decir virtualmente todos. Muy pronto los Inquisidores, que habían iniciado sus trabajos en Sevilla, disfrutaban tanto con la sangre y carne asada que incluso el Papa estaba un poco sorprendido, y trataba de imponer algunas limitaciones; pero era demasiado tarde: porque los Reyes de España tenían en sus manos un arma tan invencible que no estaban intencionados a abandonar ni entonces ni nunca. En 1483 obligaron a Sixto a autorizar el nombramiento por parte de la Corona española de un Gran Inquisidor, o Inquisidor-General, cuyo poder casi inmediatamente se extendió a través de Castilla, Aragón, Valencia y Cataluña.

El primer Gran Inquisidor fue el fraile Dominico To-

verted than most of his colleagues both Church and lay, Catholic and Protestant, contemporary and future — as may in fact be gleaned from the old views shown in the pages that follow. But he was in a position of power granted to no other man in Europe, and he used it as many men would have, and would. He was also a powerful force behind the royal edict of 31 March 1492 which expelled all Jews from Spain — that crippling blow, worsened still by the expulsion of the Muslims ten years later, from which Spanish culture has never fully recovered.

By 1500 the Inquisition had been exteded to the New World, particularly to Peru and Mexico, where it destroyed entire civilisations — genocide by torture, although the good friars used to baptise babies and children before throwing them to starving dogs or cremating them alive. By 1517 Sicily, too, had become infested. In 1522 the emperor Charles V introduced the system in the Netherlands in order to wipe out Protestantism — see, among others, pages 80-81 and 86-87 — but this effort failed. In the seventeenth and eighteenth centuries the Inquisition raged wherever Spain ruled. In 1808 it was reinstituted by Ferdinand VII, in 1820 again suppressed, in 1823 again restored, and only in 1834 abolished forever at long last.

Neither the Roman nor the Spanish Inquisition used methods in any way different from those in every-day use by secular justice everywhere — in this sense it is an error to think of stake, rack and wheel as inventions of, or even as attributes especially peculiar to, either. Nothing went on in inquisitional dungeons or places of execution that would have seemed excessive, let alone unusual, to any plebe, prince or burgher of the times. The terror of the Inquisitions lay rather in their power to reach into any man's, woman's or child's life and to snuff it out it in blood and fire, without cause other than the pleasure of a madman empowered to do so. It lay in that, and in the ineluctable efficiency with which thousands of madmen did exactly that, everywhere, for centuries. Men and women of the propertied classes did,

más de Torquemada (1420-89). Su nombre llegó a ser sinónimo de crueldad feroz, y con buenas razones — aunque si, juzgado objetivamente, probablemente no era más perverso que la mayorìa de sus colegas, tanto ecle-siàsticos como laicos, Católicos o Protestantes, contemporáneos o futuros — como en efecto podemos ver en la ilustraciones antiguas que se muestran en estas páginas. Pero era en una posición de poder que no se había concedido a ningún hombre en Europa, y lo usaba como muchos lo habrían usado, y como lo usarían hoy. Era también una fuerza potente trás del edicto real del 31 de Marzo 1942 que expulsó a todos los judíos de España — este golpe grave, agravado aún más con la expulsión de los musulmanes diez años más tarde, del cual la cultura española no se ha recuperado completamente hasta hoy.

Hacia el 1500 la Inquisicíon se extendió en el Nuevo Mundo sobre todo en Perú y en México, donde destruyó enteras civilizaciones — un genocidio con tortura, aunque si los buenos frailes acostumbraban a bautizar a los bebes y los niños antes de tirarlos a los perros hambrientos o quemarlos vivos. En 1517 también Sicilia había sido infestada. En 1522 el emperador Carlos V introdujo el sistema en los Países Bajos con el fin de eliminar el Protestantismo — ver página 80-81 y 86-87, entre otras — pero esta tentativa falló. En el siglo diecisiete y dieciocho la Inquisición se ensañaba por doquier donde España reinase. En 1808 fue abolida por el hermano de Napoleón, José, rey de España; en 1814 fue reinstaurada por Fernando VII, en 1820 suprimida de nuevo, en 1823 restaurada nuevamente, y solamente en 1834 abolida una vez para siempre.

Ni la Inquisicón Romana ni la Española usaban métodos diversos de los usados por la justicia secular en todo el mundo. En este sentido, es un error pensar que la hoguera, el potro, la rueda de despedazamiento fuesen invenciones de la Inquisición, o atributos especiales de esta. No sucedía nunca nada en las cárceles o lungares de ejecución de la Inquisición que hubiese parecido excesivo, y por supuesto no insólito, a cualquier

after all, enjoy reasonable odds of not falling into the meshes of secular justice so long as they conformed to all prevailing conventions and to the dictates of prelates and princes — but no-one was ever safe from the bloodlust of the Church: prosecution and destruction for a banned thought or feeling, or merely for being suspected of one, was an ever-present peril for all. And the one enduring effect of this was the stultification of the Catholic world.

Hence it is not necessary to dwell, in the context of this exhibition, on "the" Inquisition. The unarticled word alone expresses the notion of savagery, of implacable fanaticism, of feverish sexual currents, in any inquisitional or inquisitorial proceeding whether religious or secular, whether past or present, whether a part of the invisible pyramid with the apex labelled C.I.A. or of the other with the tip market K.G.B. *The* Inquisition is no longer, but Inquisition is; and will be forever.

THIRD: ON TORTURE,
PAST AND PRESENT.

We have no intention of venturing into disquisitions on torture in these few lines, an intention that would be as presumptuous as futile; instead we shall confine ourselves to a few subjective observations.

It is a serious mistake to think of torture as merely an historical phenomenon, as a usage confined to the past and to special places, a codified and rationalised procedure inflicted by secular and ecclesiastical power according to precepts long since rendered obsolete by social, moral and political evolution. Such comforting illusions lull the collective conscience and blunt the vigilance against a real and omnipresent peril. Torture really knows nothing of epochs, requires no special procedures, prescribes neither ambience nor methods and does not derive from the will of secular or religious power systems. Making living creatures suffer, especially other human beings, is an irrepressible need that seems inborn in the overwhelming majority of human males — a characteristic that distinguishes them from wild

plebeyo, príncipe o burgués de aquellos tiempos. El terror de la Inquisición consistía sobre todo en poder introducirse en la vida de cualquier hombre, mujer o niño y apagarla con sangre y fuego, sin otro motivo que el placer de un loco que posee el poder de hacerlo. Consistía en esto y también en la eficiencia ineluctable con la que millares de locos hacían precisamente esto, en todas partes, durante siglos. Hombres y mujeres de las clases acomodadas tenían bastantes probabilidades de no caer jamás en la red de la justicia secular, a condición de que se comportasen según todas las normas establecidas y que obedeciesen a cuanto dictado por los prelados y príncipes — pero nadie podía estar jamás seguro de la sed de sangre de la Iglesia: el procesamiento y destrucción por un pensamiento o un sentimiento prohibido, o incluso solamente por ser acusado de tenerlos, era un peligro omnipresente. Y el único efecto duradero de todo esto era el entumecimiento del mundo cátolico.

Por lo tanto no es necesario, en el contexto de esta exposición, hacer resaltar *La* Inquisición. Sólo la palabra sin artículo expresa el concepto de salvajismo, de fanatismo implacable, de corrientes sexuales frebriles, contenidas en cualquier procedimiento inquisitorial, tanto religioso como secular, tanto del pasado como del presente, tanto en la pirámide invisible en cuya cima está escrito C.I.A. o en la otra cuyo ápice está marcado con K.G.B. *La* Inquisición, ya no existe, pero Inquisición sí; y existirá siempre.

TERCERO: SOBRE LA TORTURA,
EN EL PASADO Y EN EL PRESENTE.

No pretendemos tratar profundamente en estas pocas líneas el tema de la tortura, ya que sería presuntuoso y superficial; nos limitaremos a hacer algunas observaciones subjetivas.

Es un grave error considerar la tortura como un único hecho histórico, una costumbre de tiempos pasados y de determinados lugares, un procedimiento codificado y racionalizado que los poderes seculares y eclesías-

beasts — and is indulged in by everyone to one extent or another: from the good family man who with whetted skill causes affliction of heart or mind to spouse and offspring, to the professional in political-police torture. It is neither the Holy Inquisition nor the secular arm of Justice that generates the ecstatic applause for the spectacles on the execution docks, that arouses frenzy in the mass when it smells roasting human flesh, when the aether is rent by the screams that reverberate across the centuries. The cause-and-effect relationship works in reality the other way: it is the congenital thirst for blood and man's capacity to rejoice in the agony of others that generate and perpetuate those social structures that institutionalise and express in physical action the satisfaction that the collective desire seeks.

Only on this premise can one set the nature and history of torture into a proper perspective. It has always been obvious that by the infliction of pain one can extract any confession, testimony, conversion. The heretic mutilated on the rack will not return to the bosom of Mother Church, even if *in extremis* he professes to do so. Extortion by torture of confessions to crimes ensures the safety of the real criminals, so that not only is all pretence of the law's social efficacy set to naught, but crime is actually favoured and abetted. Everyone has always known this, the pope and the pauper, the knave and the king, and every responsible pillar of power; intrepid people said it, philosophers wrote it, common sense confirmed it daily. Why, then, torture, universal and eternal institution? For only one reason: because it gives pleasure to the torturer. The male population, from emperor to serf, from cardinal to acolyte, with few exceptions here and there, experiences ecstasy, consciously or unconsciously, at the sight of executions carried out with such methods that a sound mind retreats even from the old depictions.

Therefore torture has always had its apologists, learned doctors who over the centuries have thought up, mostly in the name of Christ, juridical, moral and doctrinal justifications and rationalisations. It was proven

ticos infligían según preceptos superados ahora a través de la evolución social, política y moral. Estas ilusiones reconfortantes adormecen la conciencia colectiva y entorpecen la vigilancia contra un peligro real y omnipresente, incluso entre nosotros. En realidad, la tortura no conoce épocas, no requiere procedimientos particulares, ni ambientes, ni medios especiales, y no deriva de la voluntad del poder, tanto secular como religioso. Hacer sufrir a otras criaturas vivientes, y en especial a otros seres humanos, es una necesidad irresistible que parece innata en la mayoría de los seres humanos de sexo masculino — característica que los distingue de los animales feroces — y que cada uno satisface en diferente medida: desde el buen padre de familia que con malicia y astucia causa congoja, y a menudo sufrimientos peores, a su mujer e hijos, hasta el profesional de la tortura policiaca-política. No es ni la Santa Inquisición ni la justicia secular quienes generan los aplausos estáticos ante los espectáculos sobre el patíbulo, ni suscitan el delirio de las masas al olor de la carne humana quemada, ni cuando los cielos se desgarran por los alaridos y gritos que resuenan a través de los siglos. En realidad, la relación entre causa y efecto funciona en sentido inverso: es la sed de sangre congénita y la capacidad del hombre de gozar con la agonía de sus semejantes, la que genera y perpetúa estas estructuras sociales que concretizan e institucionalizan los hechos físicos, la satisfacción que ansía y exige al subconsciente colectivo.

Sólo en base a esta consideración se puede colocar en su justa perspectiva la naturaleza y la historia de la tortura. Es evidente que a través del dolor lacerante se puede arrancar cualquier confesión, testimonio o conversión. El hereje mutilado en el banco del suplicio no volverá al seno de la Santa Madre Iglesia, aunque así lo haya prometido *in extremis*. La confesión de un delito, arrancada con el potro, garantiza la incolumidad del auténtico culpable y, por consiguiente, no sólo aniquila cualquier pretensión de eficacia social de la ley, sino que incluso favorece la delincuencia. Esto lo han sabido

early on that a mere flicker of penitence and desire to embrace the true faith, even a flicker stimulated by rack and stake, saved the souls of Jews, heretics and apostates from otherwise ineluctable hellfire, while at the same time preventing others weak of faith from falling into the same peril. Therefore the giant spectacles in which dozens of not-true-believers were burnt at a time, merry feasts with music, parades and ceremonial dancing in the square, were known as an *auto da fe,* an act of faith, held to be delectable to the Holy Trinity and the Virgin. Judges were pleased to argue that in many cases the confessions extracted by torture were subsequently confirmed by external evidence; that slow and hideous executions served as deterrents (more of this in a moment, a propos of the death penalty); that all convicts had to be permanently mutilated in some manner because imprisonment alone was not sufficient retribution; and so on. But in his heart of hearts, every apologist knew the truth. And savoured paradise.

Our conventional notions of history almost never take any of this into account. Schools never mention it — at most a few textbooks give it a nod, but without indictment of the Catholic Church, the fountainhead and chief perpetuator of torture in the West. We nourish our minds with brief glimpses of the past, disinfected and tricked out for safe home consumption; television, the cinema, school books, historical novels, paintings, prints, the oral tradition: these conjure up uncountable scenes that coalesce into one superficial, incomplete and mendacious image. But they do not show that ubiquitous and eternal basalt on which all was built, that algosphere, so to speak, that enveloped the world and is still so largely intact today: the flesh and bones mangled and crushed, sliced and sawn, roasted and boiled in countless dungeons but more still in the squares of every town and city of Christendom; the putrefying cadavers hung up everywhere; the earth at the base of the walls near the sinners' gate a swamp of rotten blood that in summertime stank like the public slaughter-house, which is the real odour of history.

siempre todos, el papa y el pobre, el rey y el reo, y cualquier pilar del poder; los intrépidos lo afirmaron, los filósofos lo escribieron, el buen sentido común lo afirmaba diariamente. ¿Porqué, entonces, la tortura, institución universal y eterna? Por una sola razón: porque procura deleite al torturador. La colectividad masculina, desde el emperador al siervo de la gleba, desde el cardenal al monaguillo, con pocas excepciones, se extasia consciente o inconscientemente, ante ejecuciones efectuadas con métodos tales que una mente sana rechaza solamente al ver las ilustraciones de la época.

Por esto, siempre ha habido apologistas de la tortura, doctos sabios que a través de los siglos han inventado, casi siempre en nombre de Cristo, justificaciones jurídicas, morales y doctrinales. Muy pronto fue comprobado que un solo indicio de penitencia y de deseo de abrazar la verdadera fe, aunque fuese arrancado con el látigo y con la hoguera, salvaba el alma del hebreo, del hereje o del apóstata del infierno, de otra forma inevitable, e impedía a otros débiles de fe caer en el mismo peligro. Así, las grandes hogueras, en las que se quemaban vivos a decenas de malcreyentes, eran alegres fiestas con música, corte y danzas ceremoniales en las plazas, se llamaban «autos de fe», es decir actos de fe, y se consideraban del agrado de la Virgen y de la Santísima Trinidad. Magistrados se complacían razonando que, en muchos casos, las confesiones de los delitos, arrancadas con la tortura, a continuación eran sostenidas por indicios externos; que las ejecuciones lentas y sangrientas servían de escarmiento (sobre esto se trata más adelante a propósito de la pena de muerte); que todos los condenados deberían sufrir algún grado de mutilación permanente, porque la reclusión en la cárcel no es suficiente. Pero cada apologista, en el fondo de su corazón, sabía la verdad... y gozaba.

Nuestras nociones convencionales de historia no consideran casi nunca estas cosas. La escuela no habla de ello — al máximo algunos textos hacen alusiones, pero sin culpar a la Iglesia Católica, primera fuente y principal sostenedora de la tortura en Occidente. Alimenta-

FOURTH: ON THE DEATH PENALTY.

Visitors to the exhibition have asked on occasion why devices like the guillotine, invented specifically to inflict "painless death", is included among torture instruments. The question is so primitive that efforts at an answer seem hopeless, but we'll try.

In 1763, a year before the publication of DEI DELITTI E DELLE PENE *(On Crime and Punishment)*, Cesare Beccaria, the founder of criminology, wrote to Lord Chesterfield, in Italian, which the latter spoke well: *"Judicial killing is not open to discussion, save to the end of demonstrating the moral wrongs and logical errors of it, and especially the maleficent effects it has always had on the social fabric. Where a civilised and sovereign state upholds the legitimacy of premeditated murder of harmless victims — and a man before the judge's bench is always harmless, no matter what his crime — it comes to pass that in the reasoning of a private citizen who is contemplating murder for his own ends, a reflection of this legitimacy seems to sanction his decisions and actions by virtue of implied approval and the right of emulation; and thus public safety is impaired, but more so still the human condition".*

Together with the organisers of this exhibition, the writer of these notes agrees without reservation with this limpid, linear and adamantine judgement. As in the case of torture, this is not the time or place for discussions of a theme fraught with historical antecedents and emotional tensions, but we can sum up the five main opposition arguments:

I — No one has the right to kill a harmless human being. This is an absolute imperative not susceptible of compromise. The prisoner brought before the judge is, at this juncture, always harmless, no matter what his crime, or however atrocious. His wrong does not justify the perpetration of another by the state, the highest embodiment of social civilisation.

II — No judicial system is infallible. However conclusive the evidence for guilt may seem, the possi-

mos nuestras mentes con breves nociones del pasado, nociones desinfectadas y trucadas para el tranquilo consumo burgués; televisión, cine, libros de texto, novelas históricas, pinturas, estampas y tradición oral: todos nos sugieren escenas que se amalgaman en una imagen superficial, imperfecta y falsa. Pero no nos muestran jamás ese basalto eterno y ubicuo en el que todo se apoyaba, esa algosfera, por llamarla de algún modo, que envolvía el mundo y que incluso ahora continúa casi intacto: carne y huesos desgarrados, cortados y aserrados, quemados y heridos en innumerables cárceles y más aún, en multitud de plazas de cada ciudad o aldea de la cristiandad; cadáveres putrefactos colgados por todas partes; la tierra a los pies de las murallas junto a la poterna de los pecadores, que era un pantano de sangre podrida y que en verano apestaba como los mataderos públicos, que es el auténtico olor de la historia.

CUARTO: SOBRE LA PENA DE MUERTE.

Algunos visitantes de la exposición han preguntado por qué aparatos como la guillotina, inventados específicamente para procurar una «muerte indolor», se hallan incluídos entre los instrumentos de tortura. La pregunta es demasiado ingénua para merecer una respuesta, pero de todas formas, probemos.

En 1763, un año antes de la publicación de DEI DELITTI E DELLE PENE *(De los delitos y de las penas)*, Cesare Beccaria, fundador de la criminalogía, escribió a Lord Chesterfield en italiano, lengua que este último conocía bien: «*La matanza jurídica es indiscutible en absoluto, salvo con el fin de demostrar sus injusticias morales y sus errores lógicos, pero especialmente los efectos maléficos que siempre procuró al bien público. Cuando un estado civil y soberano ratifica la legitimidad del asesinato premeditado de seres humanos indefensos — y un hombre delante del banco de justicia está siempre indefenso, cualquiera que sea su culpa — sucede que en los razonamientos de un privado que contempla un asesinato por su cuenta, un reflejo de esta legitimidad parece transferirse sobre su acto y arbitrio, por beneplácito sobreentendido y por implícito derecho de emu-*

bility of error can never be excluded in any case — an affirmation with which no barrister or magistrate will quarrel. The annals of the law are darkened by the shades of the executed millions who were subsequently proven innocent — to say nothing of those still greater millions whose innocence will remain forever unknown. Just since 1962, the year of the *de facto* abolition of hanging in Great Britain, there have been more than sixty cases of life-term convicts exonerated and released because new evidence proved their innocence — but who would have been hanged prior to 1962.

III — The death penalty has no deterrent effect. On the contrary, it stimulates crimes of violence. Those deeds for which the penal codes of the world prescribe it, aside from political offences in dictatorships, are irrational and for the most part impulsive acts committed in a state of acute or chronic emotional and intellectual imbalance: acts the consequences of which the perpetrator is in no position to evaluate, no matter what the penalty. (The Italian penal code recognised this as early as 1889, when capital punishment was abolished in the newly-united kingdom — a cause for national pride, but tarnished by the interlude of re-institution under Fascism from 1926 to 1944).

Several studies undertaken by prestigious European and American universities show — as Beccaria had intuited — that both the number and the virulence of capital crimes tend not only to diminish after abolition, but to increase upon re-institution following a period of suspension of several years — as, for example, in about thirty of the United States.

If the severity of a penalty were really proportionate to the deterrent effect, there would have been little or no crime in the times of the penalties mirrored in these pages — times that were in fact a-flame with universal, ineradicable and blood-cur-

lación; y de esta manera se menoscaba la seguridad colectiva, y más aún la condición humana misma».

Junto con los organizadores de la exposición, quien escribe estas líneas condivide sin reservas este juicio tan límpido, lineal y adamantino. Como ya hemos dicho en el caso de la tortura, no es este el lugar para convocar disputas sobre un tema cargado de antecedentes históricos y de tensiones emotivas, pero de todas formas, podemos resumir sus cinco contra-argumentos básicos:

I — Nadie tiene el derecho de matar a un ser humano inerme. Este imperativo es absoluto y no es susceptible a compromisos. El prisionero conducido ante el juez está inerme siempre, independientemente del delito cometido, incluso el más horrible. Su error no justifica la perpetración de otro error por parte del estado, máximo representante de la civilización social.

II — Ningún sistema judicial es infalible. Aunque parezcan claros los indicios de culpabilidad, la posibilidad de error no puede excluirse en ningún caso — y esta es un afirmación por la que ningún penalista o magistrado presentaría querella. La crónica forense está plagada de sombras de millones de ajusticiados que, después de su ejecución, se probó que eran inocentes — prescindiendo de los millares de millones de ellos, cuya inocencia permanecerá desconocida eternamente. Desde 1962, año de la abolición efectiva de la horca en Inglaterra, se han verificado más de sesenta casos de condenados a cadena perpetua, exonerados y puestos en libertad en base a nuevas pruebas de inocencia — pero que antes del 1962 habrían sido ahorcados.

III — La pena de muerte no ejercita ningún efecto de escarmiento. Por el contrario, provoca crímenes de violencia. Aquellos delitos por los que los códigos penales la prescriben, a parte los delitos políticos en las dictaduras, son actos irracionales y casi siempre impulsivos, cometidos en estado de desequilibrio emotivo e intelectual agudo o crónico: ac-

ling violence on all levels of society. Or, as Charles Dickens repeatedly pointed out to his readers, pickpockets, both grown-ups and children, reaped rich harvests working in the dense crowd of spectators at the hangings of pickpockets (both grown-ups and children). If the death penalty were really an efficient admonitory example, logic would require executions in shopping centres on Saturdays, with the methods of old sharpened by modern technology and medicine.

IV — The real punishment of capital punishment — and herein the answer, as though it were required, to the aforementioned occasional questioners — does not lie in the instant of demise, however this may be brought about, whether by rope, electric current, axe, sword, bullets, lethal injection, cyanide gas or whatever, but rather in the foreknowledge of certain death at a precise moment in the near future by means irrevocably specified, and therefore to be infintely pre-savoured in anticipation: a torment that never ceases from the instant of the sentence until the last flicker of perception.

V — The death penalty, brutalising as it does the collective sensitivity to human suffering and to the value of human life, injures the vitality of the social body and of every cell within it.

The only industrialised nations which still persist in this ritual are the United States and the Soviet Union. It does not exist in Europe or in Japan.

FIFTH: ON TORTURE AND WOMEN.

The archives of Europe — in this respect but scantily ploughed — tend to show that, owing to the witch-hunts of three and a half centuries, perhaps as many as eighty-five per cent of the victims of torture and death by fire were women. Estimates vary, but from about 1450 to 1800 somewhere between two and four million women

tos cuyas consecuencias el perpetrador no es capaz de valorar, qualquiera que sea la pena. (El código penal italiano reconoció esta verdad ya en 1889, año en que fue abolido el patíbulo en el nuevo reino — un honor nacional, oscurecido solamente por el paréntesis 1926-1944, en que fue restablecida por el regime fascista).

Numerosos estudios realizados por prestigiosas universidades europeas y americanas demuestran — como había intuido Beccaria — que el número y la virulencia de los delitos sujetos a pena capital tiende no sólo a disminuir después de la abolición, sino que aumenta tras el restablecimiento de la pena después de un paréntesis de suspensión de algunos años — como por ejemplo en cerca de treinta estados de los Estados Unidos.

Si la severidad de la pena actuase realmente como escarmiento habría habido poca o ninguna delincuencia en los tiempos de las penas reflejadas en estas páginas — que en cambio fueron tiempos plagados de horrible violencia, universal e inextirpable, en todos los niveles de la sociedad. O, como hizo notar repetidamente Charles Dickens a sus lectores, los carteristas, tanto adultos como niños, hacían su agosto actuando entre las pobladas filas de los espectadores que acudían a los ahorcamientos de carteristas (tanto adultos como niños). Si la pena de muerte fuese realmente un escarmiento, la lógica impondría que las ejecuciones se realizasen en los supermercados el sábado a mediodía, y con los métodos de otros tiempos actualizados según la tecnología y la medicina moderna.

IV — La pena auténtica de la pena de muerte — y es esta la respuesta, como si fuese necesaria, a los ya mencionados ingénuos — no tiene lugar en el momento de la muerte, cualquiera que sea el método usado, tanto la horca como la corriente eléctrica, el hacha, las balas, las inyecciones de psicofármacos, el gas de cianuro o cualquier otro método, más bien en la certidumbre de deber morir en

went to the stake in both Catholic and Prostestant Europe.

There is a great deal to be said on this score: about the male versus the female natures, about male and female sexuality, about the inherent mental and emotional inferiority of the male, about the discovery and dissemination of effective contraceptives by "witches" who for this had to be wiped from the face of the earth in blood and fire. Much, very much, could and should be said, and in some other place, at some other time, will be.

But for the moment, to avoid repetition, we shall limit ourselves to pointing out a few places in the pages that follow where some small thoughts on these scores have been touched upon, and the reader may look them up if she or he would like to. For example, a propos of:
— THE ORAL, RECTAL AND VAGINAL PEAR, page 132;
— THE RED-HOT PINCERS, page 126
— THE CHASTITY BELT, page 134
— THE BREAST RIPPER, page 136;
— "SHREWS' FIDDLES", page 146;
— BRANKS, page 150,

and quite a few of the illustrations drawn from antique sources throughout the book.

SIXTH: ABOUT YOU, READER, AND ABOUT ME.

In conclusion: torture flourishes today in the greater part of the world, perfected by electronics, pharmacology and psychoneurology beyond the most fervent prayers of Torquemada. You, reader, disapprove of course; you are horrified, like everyone, or almost everyone.

But probably nothing will change in the forseeable future because you, reader, having gone through the expected motions, don't really care a damn. Like everyone, or almost everyone. Amnesty International places at your disposal exhaustive and unimpugnable documentation, and asks you for a little support; but probably you know nothing about this, and don't want to know, because that way life is easier. Almost no one

un preciso momento en el futuro próximo, de forma especificada irrevocablemente y por lo tanto ser infinitamente meditada con anticipación: un tormento que no cesa desde el instante de la sentencia hasta la extinción del último hilo de percepción.

V — La pena de muerte, embruteciendo la sensibilidad colectiva hacia el sufrimiento humano y hacia el valor de la vida humana, daña la vitalidad del cuerpo social, disminuyendo cada célula en él.

En sólo dos naciones industrializadas perdura la praxis de este rito: en Estados Unidos y en la Unión Soviética. No existe ya ni en Europa ni en Japón.

QUINTO: SOBRE LA TORTURA Y LA MUJERES

Los archivos de Europa — poco arados bajo este aspecto — tienden a demostrar que, a causa de la caza de brujas a través de tres siglos y medio, quizá el ochenta y cinco por ciento de las víctimas de tortura y de muerte por medio del fuego eran mujeres. Los cálculos varían pero desde 1450 a 1800 apróximadamente, entre dos y cuatro millones de mujeres fueron enviadas a la hoguera en la Europa tanto católica como protestante.

Habría mucho que decir sobre este argumento: sobre la naturaleza masculina con respecto a la feminina, sobre la sexualidad masculina y femenina, sobre la inferioridad mental y emocional del sexo masculino, sobre el descubrimiento y la propagación de anticonceptivas eficaces por parte de las «brujas», las cuales, por este delito tenían que ser eliminadas de la faz de la tierra con sangre y fuego. Mucho se podría y debería decir, y en otro lugar y otra ocasión lo diremos.

Pero por ahora, para evitar la repetición, nos limitaremos a indicar algunos objetos en las páginas siguientes, en las que se represetan algunas ideas concernientes a esto, y el lector las puede buscar si ella o él deseasen hacerlo. Por ejemplo, a proposito de:
— LA PERA ORAL, RECTAL Y VAGINAL, página 132;
— PINZAS Y TENAZAS ARDIENTES, página 126;
— EL CINTURON DE CASTIDAD, página 134;

ever feels a brother to his neighbour, less so still if that neighbour is in Africa or South America. Only here and there some idealist, usually young and penniless, labours in the cause. And torture triumphs unpunished, nearly everywhere. The Roman saying *homo hominibus lupus*, ''man is a wolf to men'', is a vile calumny of wolves.

Nor can the writer of these lines boast of having done anything of particular merit in this connexion. Perhaps these lines, or a few others elsewhere. That is very little. Something, but very little.

Probably the last survivor of the human race will be some torture victim in an underground cell beyond the reach of radiation.

y a propósito de muchas de las ilustraciones sacadas de fuentes antiguas representadas en este libro.

SEXTO: SOBRE TI, LECTOR, Y SOBRE MI.

En conclusión: la tortura florece hoy en la mayor parte del mundo, perfeccionada por la electrónica, por la farmacología y por la psiconeurología, más allá de las más fervientes plegarias de un Torquemada. Naturalmente tú, lector, lo desapruebas, como todos, o casi todos.

Pero es probable que nada cambie en tiempos próximos porque a tí, lector, una vez realizados los gestos que se dan por descontados, en el fondo te importa un bledo. Como todos, o casi todos. Amnesty International pone a tu disposición documentaciones completas e inexpugnables, y te pide un poco de apoyo; pero probablemente no sabes nada y no quieres saber, porque así la vida es más cómoda. Sólo aquí y allá algún idealista, generalmente joven y sin dinero, trabaja por la causa. La expresión romana *homo hominibus lupus*, el hombre es lobo para con los hombres, es una vil calumnia contra los lobos.

Quien escribe tampoco puede presumir de actos dignos de mérito con respecto a este tema. Quizás estas líneas, u otras en otras publicaciones. Es poco. Algo, pero poco.

Probablemente el último superviviente de la especie humana será un torturado o una torturada encerrado/a en una celda subterránea al resguardo de la radioactividad.

1

THE "IRON MAIDEN" OF NUREMBERG

ACCORDING TO A CREDIT-WORTHY FAMILY TRADITION, THIS IS A COPY MADE IN 1828 OF THE FAMOUS 15th-CENTURY "MAIDEN" OF NUREMBERG (DESTROYED BY THE AIR RAIDS OF 1944), FOR PLACEMENT IN THE "GOTHIC HALL" OF A PATRICIAN PALACE IN MILAN. IN 1982 THE IRON PARTS WERE RESTORED AND REMOUNTED ON A NEW INTERNAL WOODEN ARMATURE THAT REPLACED THE DRY-ROTTED ORIGINAL.

PROVENANCE: LOMBARDY ANTIQUES TRADE; SIN⸀ 1974 IN A PRIV. COLL., ITALY.

1

LA «DONCELLA DI HIERRO» DE NUREMBERG

SEGUN UNA TRADICION FAMILIAR, MUY VEROSIMIL, ESTA ES UNA COPIA HECHA EN 1828 DE LA FAMOSA «DONCELLA» DE NUREMBERG DEL SIGLO XV (DESTRUIDA CON LOS BOMBARDEOS DE 1944) PARA SU COLOCACION EN LA «SALA GOTICA» DE UN PALACIO PATRICIO DE MILAN. EN 1982 LA PARTES DE HIERRO FUERON RESTAURADAS Y VUELTAS A MONTAR SOBRE UNA NUEVA ARMADURA INTERNA DE MADERA EN SUSTITUCIÓN DE LA VIEJA CONSUMIDA.

PROCEDENCIA: COMERCIO DE ANTIGÜEDADES DE LOMBARDÍA; DESDE 1974 EN UNA COL. PRIV., ITALIA.

The history of torture records many devices that worked on the principle of the anthropomorphic container with two doors, fitted with spikes on the inside that pierced the victim upon the doors being shut. The most famous example has always been the so-called "Iron Maiden of Nuremberg", destroyed in the air raids of 1944.

It is difficult to separate legend from fact concerning this contrivance because most published material is based on nineteenth-century research distorted by romanticisms and by fanciful popular tradition. The first reference to an execution with the Maiden that has yet come to light stems from 14 August 1515, although the instrument had been in use for several decades by then. That day a forger of coins was placed inside, and the doors shut "slowly, so that the very sharp points penetrated his arms, and his legs in several places, and his belly and chest, and his bladder and the root of his mem-

La historia de la tortura registra muchos instrumentos con forma de sarcófago antropomorfo con dos puertas, con clavos en su interior que penetraban, al cerrar las puertas, en el cuerpo de la víctima. El ejemplo más conocido ha sido siempre la llamada «doncella de hierro» (die eiserne Jungfrau) del castillo de Nuremberg, destruída con los bombardeos de 1944.

Es difícil separar la leyenda de los hechos referentes a este aparato ya que la mayoría del material publicado se basa en investigaciones del siglo XIX distorsionadas por el romanticismo y fantasiosas tradiciones orales. La primera referencia a una ejecución con la doncella de la que tenemos noticia procede del 14 de agosto de 1515 aunque el instrumento para entonces había sido usado ya durante varias décadas. Ese día un falsificador de moneda fué introducido y las puertas cerradas «lentamente, por tanto las puntas afiladísimas le penetraban en los brazos, en las piernas en varios lugares, y en

ber, and his eyes, and his shoulders, and his buttocks, but not enough to kill kim; and so he remained making great cry and lament [*gross Geschrey und Wehklag*] for two days, after which he died".* Probably the spikes of that time were movable among various sockets drilled into different places on the inside, more or less lethal, more or less mutilating, according to the requirements of the sentence.

Investigative torture fell slowly into disuse in Nuremberg with the passing of the eighteenth century, so that a tourist guide of 1784 speaks of "the Iron Maiden, that abominable work of horror [*dieses abscheuliche Greulwerk*] that goes back to the times of Frederick Barbarossa",[†] an error of almost four centuries but one that proves that the Maiden had already been relegated to the museum. Nevertheless, in spite of this comment, even in 1788 — a portentious year, at the apex of the Enlightenment, in France a time of revolutionary ferment, in England of well-advanced industrialism, in the New World of enthusiastic republicanism — sentences of drawing-and-quartering, of breaking on the wheel and of the cutting-off of tongues and hands were carried out in Nuremberg. Punishments handed down from mediaeval times were to remain in legal force throughout the greater part of Catholic Europe until after the end of the Napoleonic era, especially in Austria, Bavaria, Italy (except Tuscany, Lucca and Parma), and of course in Spain.

la barriga y en el pecho, y en la vejiga y en la raíz del miembro, y en los ojos y en los hombros y en las nalgas, pero no tanto como para matarlo; y así permaneció haciendo gran griterío y lamento (gross Gerschey und Wehklag) durante dos días, después de los cuales murió»*. Es probable que los clavos de entonces fueran desmontables y se pudieran colocar en varios alojamientos practicados en el interior, con fines más o menos letales, más o menos mutilantes según las exigencias de la sentencia.

La tortura inquisitorial iba cayendo en el olvido en Nuremberg con el trascurrir del siglo XVIII, hasta el punto que una guía turística de 1784 habla de «la doncella de hierro, esa abominable obra de horror (*dieses abscheuliche Greulwerk*) que se remonta a los tiempos de Federico Barbarroja»[†], un error de casi cuatro siglos pero que prueba que la doncella ya había sido relegada al museo. Sin embargo, a pesar de este comentario, en 1788 — año portentoso en el apogeo de la Ilustración, época pre-revolucionaria en Francia, en Inglaterra de avanzada industrialización, en el nuevo mundo de fervor republicano — se ejecutaban en la misma Nuremberg sentencias de descuartizamiento, de desedazamiento con la rueda, y de corte de lenguas y manos. Casi todos los castigos heredados de la Edad Media íban a permanecer legales en la mayor parte de la Europa católica hasta después del final del período napoleónico, sobre todo en Austria, Baviera, Italia (excepto Toscana, Lucca y Parma) y por supuesto en España.

---

* Gustav Freytag, *Bilder aus der deutschen Vergangenheit*, Leipzig, 1886; the State Archives of Nuremberg are quoted.

[†] *Der kayserlichen Freistadt Nürnbergs Sehenswürdigkeiten und neuer Strassenplan*, Nuremberg, 1784.

---

* Gustav Freytag, *Bilder aus der deutschen Vergangenheit*, Leipzig, 1886; se citan los archivos estatales de Nuremberg.

[†] *Der Kayserlichen Freistadt Nürnbergs Sehenswürdigkeiten und neuer Strassenplan*, Nuremberg, 1784.

2

THE HEADSMAN'S SWORD
GERMAN, LATE 17th OR EARLY 18th CENTURY; PARTIALLY RESTORED.

PROVENANCE: PRIV. COLL., ITALY.

3

THE AXE AND BLOCK
AXE EUROPE GENERALLY, 1600-1750; BLOCK OF UNKNOWN ORIGIN.

PROVENANCE: PRIV. COLL., AUSTRIA.

2

LA ESPADA DEL VERDUGO
ALEMAN, FINALES SIGLO XVII O PRINCPIOS DEL XVIII; PARCIALMENTE RESTAURADA.

PROCEDENCIA: COL. PRIV., ITALIA.

3

EL HACHA
HACHA EUROPA EN GENERAL, 1600-1750; TAJO DE EPOCA Y LUGAR DESCONOCIDO.

PROCEDENCIA: COL. PRIV., AUSTRIA.

Beheading by sword or axe, a public entertainment in central and northern Europe until a hundred and fifty years ago, but in many extra-European countries to this very day, is done with a horizontal slash, as shown in Figs. 5-9, p. 33). The axe was preferred in Gallic and Mediterranean Europe; it, too, remains in use today. A long apprenticeship is needed for perfecting aim and force; executioners kept in trim by practising on animals in slaughter houses, and on dummies fitted with pumpkin heads.

Beheading, an "easy" death if carried out with skill, was reserved exclusively for condemned nobles or people of importance . . . plebeians were executed — and we are speaking now only of those executions that did not intentionally prescribe painful methods — in ways that caused prolonged agonies. The most common of these was and still is ordinary hanging (e.g., pp. 130-131), by which the victim is pulled up and left to strangle (as compared to the so-called "English drop", which lets the victim fall to the end of the slack in the rope so that his neck and spinal cord will be severed, most of the time).

As we have noted in the case of THE GUILLOTINE (No. 4, p. 30), a head cut off with a swift and neat slash is fully aware of its fate as it rolls along the ground or falls into the basket. Perception is extinguished only after a few seconds.

La decapitación con espada, una distracción pública en Europa central y nórdica hasta hace cientocinquenta años y hasta hoy en muchos países extraeuropeos, se hace con un corte horizontal como se observa en las figs. 5-9, p. 33). En cambio el hacha era más común en la Europa gala y mediterránea; esta también es usada incluso actualmente. Se necesita un largo aprendizaje para perfeccionar la fuerza y el acierto del golpe; los verdugos se mantenian en forma entrenándose con animales en los mataderos, y con simulacros de condenados provistos de «cabezas» de calabaza.

La decapitación, pena «suave» si se realizaba con habilidad, se reservaba exclusivamente para condenados nobles o personas importantes . . . los plebeyos eran ejecutados — y estamos hablando únicamente de esas ejecuciones que no preveían intencionadamente métodos dolorosos — con procedimientos que causaban agonías prolongadas. El más corriente de éstos era y sigue siendo el ahorcamiento común (ver pag. 130-131), en el cual la víctima es izada y dejada estrangular (al contrario que el llamado «a la inglesa», que hace caer a la víctima con el lazo al cuello para fracturar las vértebras cervicales y la médula espinal, la mayoría de las veces).

Como hemos señalado en el caso de LA GUILLOTINA (n. 4, p. 30), una cabeza cortada con un tajo rápido y certero es plenamente consciente de su suerte mientras rueda por el suelo o en el cesto. La percepción sólo se pierde después de algunos segundos.

4

THE GUILLOTINE
MODERN RECONSTRUCTION, WITH THE INCORPORATION OF SEVERAL MINOR ELEMENTS RECOVERED FROM THE WRECK OF A FRENCH EARLY-19th-CENTURY SPECIMEN.

PROVENANCE: PRIV. COLL., ITALY.

Although indelibly associated in literature, the cinema, television and the European cultural tradition generally with the French Revolution, 1789-93, and with the death penalty in France, the machine that beheads by means of a blade that falls between two grooved vertical columns is in reality much older. Small primitive versions were used for the execution of nobles as early as the fourteenth century, especially in Scotland (see Figs. 1-3 p. 32).

It was the French physician Joseph-Ignace Guillotin, born in Saintes in 1738 and elected to the National Assembly in 1789, who first promoted a law that required that all executions, even those of commoners and plebeians, be carried out by means of a "machine that beheads painlessly". An easy death — so to speak — was no longer to be the prerogative of nobles. After a series of experiments on cadavers taken from a public hospital, the first of these machines — in all essentials identical to the one here — was put up in the Place de Grève in Paris on 4 April 1792, and the first execution — in the event, of a very plebeian highwayman — took place on the 25th of the same month. Soon this invention was to become the hallmark of the years 1792-94.

Science quickly now discovered a new and surprising fact (confirmed since by modern neurophysiology): a head cut off by a swift slash of axe or guillotine knows that it is a beheaded head whilst it rolls along the ground or into the basket — consciousness survives long enough for such a perception.

After the execution of Louis XVI and Marie Antoinette on 21 January 1793, the "machine", called only thus until these two events, became known also as "la louisette" or "le louison"; only after 1800 did the term "la guillotine" become established. As such it remained in use in many countries, including the Papal States and the kingdoms of Piedmont and Bourbon Naples until 1860; it was used in France until the abolition of the death penalty under Mitterrand in 1981. Joseph-Ignace Guillotin died peacefully in 1821, at the age of eighty-three.

4

LA GUILLOTINA
RECONSTRUCCIÓN MODERNA, CON INCORPORACIÓN DE ALGUNOS ELEMENTOS MENORES RECUPERADOS DE LOS RESTOS DE UN EJEMPLAR FRANCÉS DE PRINCIPIOS DEL S. XIX.

PROCEDENCIA: COL. PRIV., ITALIA.

Aunque asociada indeleblemente en la literatura, el cine, la televisión y la tradición cultural europea generalmente con la Revolución Francesa, 1789-93, y con la pena de muerte en Francia, la máquina que decapita por medio de una cuchilla que cae entre dos columnas acanaladas es en realidad mucho más antigua. Versiones pequeñas y primitivas se usaban para la ejecución de nobles (ejemp., Figs. 1-3), ya en el siglo XIV, en Escocia.

Fue el médico francés Joseph-Ignace Guillotin, nacido en Saintes en 1738 y elegido a la Asamblea Nacional en 1789, el primero en promover una ley que exigía que todas las ejecuciones, incluso las de presos comunes y plebeyos se realizaran por medio de «una máquina que decapita de forma indolora». Una «muerte fácil» — para decirlo así — ya no era prerrogativa de nobles. Después de una serie de experimentos sobre cadáveres tomados de un hospital público, la primera de estas máquinas, en esencia idéntica a la que aquí se muestra, se colocó en la Place de Grève de París el 4 de abril de 1792 y la primera ejecución — en la persona de un plebeyo asaltante de diligencias — tuvo lugar el 25 del mismo mes. Pronto este ingenio iba a convertirse en el símbolo de los años 1792-94.

En seguida la ciencia descubrió un hecho nuevo y sorprendente (confirmado después por la neurofisiología moderna): una cabeza cortada, ya sea por hacha o guillotina, sabe que es una cabeza decapitada mientras rueda por el suelo o cae en la cesta — la conciencia sobrevive el tiempo suficiente para tal percepción.

Después de la ejecución de Luis XVI y María Antonieta el 21 de enero de 1793, la «máquina» llamada sólo así hasta ambos sucesos, se llamó también «la Louisiette» o «le Louison»; sólo después de 1800 se extendió el término «guillotina». Como tal permaneció en uso en muchos países incluídos los Estados Pontificios y los reinos de Piamonte y Nápoles borbónico hasta 1860; fue usada en Francia hasta la abolición de la pena de muerte bajo Mitterrand en 1981. Joseph-Ignace Guillotin murió pacíficamente en 1821, a la edad de ochenta y tres años.

FIGURE 5 *Thirty-four pirates are beheaded in twenty-seven minutes. Woodcut from a newsletter, Hamburg, 1573.*

FIGURE 6 *Woodcut from the Criminal Code of Bamberg, 1508. See also A HEADSMAN'S SWORD, p. 28.*

FIGURES 7-9 *Three watercolour miniatures from the same source as Fig. 1: Burning at the stake and beheading; beheading after cutting off both hands; and beheading a woman — as was customary in Germany — in a chair.*

5

6

7

8

9

FIGURAS 7-9 *Tres acuarelas en miniatura, de la misma fuente que la Fig. 1: La hoguera y la decapitación; la decapitación después del corte de ambas manos; y la decapitación de una mujer - como era costumbre en Alemania - en una silla.*

FIGURA 5 *Treinta y cuatro piratas son decapitados en Hamburgo en ventisiete minutos. Xilografía de un noticiario, Hamburgo, 1573.*

FIGURA 6 *Xilografía del código penal de Bamberg, 1508. Ver también la ESPADA DEL VERDUGO, p. 28.*

5

THE GARROTTE
PROVENANCE: CATALONIAN ANTIQUES TRADE.

There are two basic versions of this almost legendary instrument: (1) the typically Spanish one, in which the screw draws back the iron collar, killing the victim by asphyxiation alone; and (2) the Catalonian one, shown here, in which an iron point penetrates and crushes the cervical vertebrae whilst at the same time forcing the entire neck forward and crushing the trachea against the fixed collar, thus killing by both asphyxiation and slow destruction of the spinal cord. The agony can be prolonged according to the executioner's whims.

The first type remained in use in Spain until the death of Franco in 1975 — then the death penalty was abolished.

The second type, used until the beginning of this century in Catalonia and in some places in Latin America, is still used in the New World, mainly for police torture but also for executions. The presence of the spike at the back not only fails to guarantee a swift death but increases the potential for a prolonged agony.

It is thought, believably, that the present example comes from the city of Ripoll. In about 1880 a specimen of the first type was installed there, and the example shown here was stored in a cellar of the town hall, from where it eventually found the way into the antiques trade.

5

EL GARROTE
PROCEDENCIA: COMERCIO DE ANTIGÜEDADES, CATALUÑA.

Hay dos versiones basilares de este instrumento casi legendario: (1) la típicamente española, en la cual el tornillo hace retroceder el collar de hierro matando a la víctima únicamente por asfixia; y (2) la catalana, mostrada aquí, en la cual un punzón de hierro penetra y rompe las vértebras cervicales al mismo tiempo que empuja todo el cuello hacia adelante aplastando la tráquea contra el collar fijo, matando así tanto por asfixia como por lenta destrucción de la médula espinal. La agonía se puede prolongar según el humor del verdugo.

El primer tipo fue usado en España hasta la muerte de Franco en 1975 — después se abolió la pena capital.

El segundo tipo, usado hasta principios de este siglo en Cataluña y algunos lugares de Latinoamérica, se usa todavía en el Nuevo Mundo, sobre todo para tortura policial pero también para ejecuciones. La presencia de la punta en la parte posterior no sólo no garantiza una muerte rápida sino que aumenta las posibilidades de una agonía prolongada.

Se cree, verosímilmente, que el ejemplar aquí presente procede de la ciudad de Ripoll. Hacia 1880 se instaló allí un garrote del primer tipo; el aquí mostrado fue almacenado en un sótano del ayuntamiento desde donde se introdujo en el mercado de antigüedades.

FIGURES 11/12 *Citizens garrotted for capricious reasons, or for no reason at all, during the repressions in the wake of the Bourbon restauration in Spain in 1814. Etching by Francisco Goya, from* The Disasters of the Wars, *Madrid, 1808-14.*

FIGURE 13 *The garrotting of nine anarchists in Madrid in 1911. Contemporary illustration, probably from the magazine* El Diario Mundial.

FIGURE 14 *Disembowelement, a widely used method of execution. The victim's belly was slit, a part of the intestines was hooked out and attached to the drum, and the rest of the viscera were then slowly wound up. The victim lives through most of the process. Etching by Roland Sadler, mid-17th century, reproduced in Villeneuve (see p. 157).*

13

11

12

14

FIGURAS 11/12 *Ciudadanos ejecutados a garrote por reazones caprichosas, o sin razón alguna, en el curso de la represión borbónica tras la restauración de 1814. Aguafuerte de Francisco Goya, de* Los desastres de la guerra, *Madrid, 1808-14.*

FIGURA 13 *Ajusticiamiento de nueve anarquistas en Madrid en 1911. Ilustración contemporánea, probablemente de la revista* El diario mundial.

FIGURA 14 *La destripación, un suplicio ampliamente infligido. El abdomen de la víctima fue desgarrado, una punta de los intestinos fue engachada al tambor y el resto de las visceras fue arrancado de la manera que se representa aquí. La víctima permanecía viva durante casi todo el desarrollo de la acción. Aguafuerte de Romand Sadler, mediados del siglo XVII.*

FIGURE 15 Vae victis, *woe to the vanquished. Woodcut of about 1550, probably Dutch. Shown is either the extermination of enemies in a city taken by siege, or the fate of another round-up of herefics.*

FIGURE 16 *Blinding with a knife point. Watercolour miniature from the same source as Figs. 1 and 7-9.*

FIGURE 17 *Hanging by the feet between two starved dogs or wolves, a fate generally meted out to Jews condemned for minor crimes against property, such as small thefts. German or Swiss woodcut from an unknown source, early 1500's.*

16

15

17

FIGURA 15 Vae victis, *Ay de los vencidos. Grabado de 1550 apróximadamente, probablemente holandés, que representa la matanza de enemigos en una ciudad tomada por asalto, o la suerte de una redada de herejes.*

FIGURA 16 *Ceguera provocada con la punto de un cuchillo. Acuarela en miniatura de la misma fuente que las Figs. 1 y 7-9.*

FIGURA 17 *El colgar por los pies entre dos perros o lobos hambrientos, un suplicio en general reservado a los hebreos. Xilografía alemana o suiza, procedencia desconocida, principios del s. XVI.*

HANGING CAGES

THE TWO-LEGGED IRON CAGE: FLORENTINE, LATE 17th OR EARLY 18th CENTURY. PROVENANCE: IN THE POSSESSION OF A FLORENTINE PATRICIAN FAMILY, DESCENDENT FROM AN EARLY-18th-CENTURY "SIGNORE DELLA GIUSTIZIA", A CHIEF CONSTABLE.

THE WOODEN CAGE: A RECONSTRUCTION BASED ON A FEW REMAINS FOUND IN AN EMILIAN CASTLE AND RESTORED IN 1982. PROVENANCE: PRIV. COLL., ITALY.

LAS JAULAS COLGANTES

JAULA DE HIERRO BÍPEDA: FLORENTINA, FINALES DEL SIGLO XVII O PRINCIPIO DEL XVIII. PROCEDENCIA: PROPIEDAD DE UNA FAMILLA PATRICIA FLORENTINA, DESCENDIENTE DE UN «SIGNORE DELLA GIUSTIZIA» DE PRINCIPIOS DEL S. XVIII.

LA JAULA DE MADERA: UNA RECONSTRUCCIÓN BASADA EN ALGUNOS RESTOS ENCONTRADOS EN UN CASTILLO EMILIANO Y RESTAURADOS EN 1982. PROCEDENCIA: COL. PRIV., ITALIA.

Until the end of the eighteenth century, European urban and suburban panoramas abounded in iron and wooden cages attached to the outsides of town halls and ducal palaces, to halls of justice and cathedrals and to city walls, and swaying from tall iron gibbets set up outside the walls near a main crossroads; often there were several cages in a row. A good many examples survive today (e.g., on the ducal palace of Mantua, on the apse of the cathedral of Moutier/Münster in Switzerland [see photo, p. 40], and many more still, in every country). In Florence, presumed city of origin of the present two-legged specimen, there were two sites for cages: one the corner of the Bargello at Via Anguillara and Piazza San Firenze, the other a gibbet on San Gaggio Hill, beyond the Porta Romana, on the Siena highroad. In Venice, homeland of the rectangular box specimen, the cages hung from the Bridge of sighs and from the walls of the Arsenal.

The naked or nearly naked victims were locked into the cages and hung up. They perished of hunger and thirst, a fate seconded in winter by storm and cold, in summer by heatstroke and sunburn; often they had been tortured and mutilated, to make more edifying examples. The putrefying cadavers were generally left in place until the bones fell apart (see Pages 40-41).

No more than a plausible family tradition associates the present iron cage with the Florentine Bargello. Although there are no supporting documents, the story told in the family for generations recounts how it was taken down in 1750-52, the years in which the second Lorenese grand duke of Tuscany, Pietro Leopoldo, had all the instruments of torture and execution destroyed, and that it has been conserved in the family palace ever since.

Hasta el fin del siglo XVIII, en los paisajes urbanos y suburbanos de Europa abundaban las jaulas de hierro y de madera adosadas al exterior de los edificios municipales, palacios ducales, palacios de justicia y catedrales y a las murallas de las ciudades, y también colgando extramuros de altos postes cerca de los cruces de caminos; frecuentemente había varias jaulas en hilera. Gran cantidad de ejemplos subsisten hoy en día (por ejemplo en el palacio ducal de Mantua, en el ábside de la catedral de Moutier/Münster en Suiza (ver foto a la derecha), y aún muchos más en otros países). En Florencia, supuesta ciudad de origen del presente ejemplar bípedo, había dos lugares para las jaulas: uno en la esquina de Bargello con Via Anguillara y Piazza San Firenze, el otro en un poste sobre la colina de San Gaggio más allá de la Porta Romana junto a la carretera de Siena. En Venecia, lugar de origen de la jaula celular, las jaulas se colgaban en al Puente de Los Suspiros, y más a menudo en los muros del Arsenal.

Las víctimas, desnudas o casi desnudas, eran encerradas en las jaulas y colgadas. Sucumbían de hambre y sed, y por el mal tiempo y el frío en invierno, y el calor y las quemaduras solares en verano; a menudo habían sido torturadas y mutiladas para mayor escarmiento. Los cadáveres en putrefacción generalmente se dejaban in situ hasta el desprendimiento de los huesos.

Una antigua tradición familiar, muy digna de crédito, relaciona la presente jaula bípeda con el Bargello de Florencia. Aunque no hay documentos que la respalden, la tradición oral de la familia explica cómo se descolgó en 1750-52, años en que el segundo gran duque lorenés de Toscana, Pietro Leopoldo, destruyó todos los instrumentos de tortura y ejecución, y desde entonces se ha conservado en el palacio familiar.

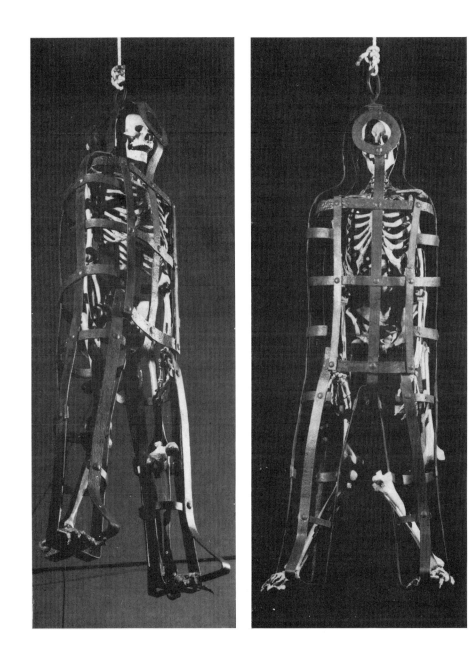

FIGURE 18 *Two-legged cage that still houses its last occupant. St. Anselm Castle, Venencz-Isnia, Hungary.*

FIGURE 19 *See Fig. 22.*

FIGURE 20 *Three cages hanging ever since the early 1500's from the apse of the cathedral of Münster/Moutier, Switzerland.*

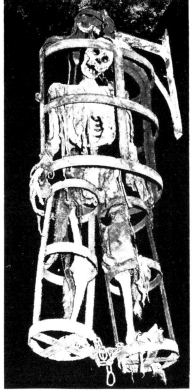

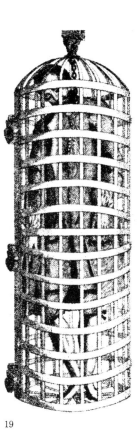

18

19

20

FIGURA 18 *Jaula bípeda que aún aloja a su último inquilino. Hungría, Castillo de San Anselmo, Verencz-Isnia.*

FIGURA 19 *Ver Fig. 22.*

FIGURA 20 *Tres jaulas colgadas desde principios del siglo XVI en el ábside de la Catedral de Münster/Montier, Suiza.*

FIGURE 21 *The body of a hanged pirate, hermetically encased in hardened pine resin to retard decomposition, and held together with leather straps to prevent the limbs from falling off. Thus embalmed, the salubrious moral deterrent effect lasted longer. Wood engraving by George Hodder, Liverpool, 1810.*

FIGURES 22 AND 19 *Iron gallows, furnished with a species of spiritualistic lightning-rods made according to arcane and complex precepts, were used for hanging alchemists who had failed in the quest of manufacturing gold for their princely masters. The fear that the hanged man's demoniacal familiars might possess themselves of secrets still reposing in the substance of the cadaver, and transmit them to other researchers in other principalities, prompted the adoption of these prudent precautions; often there was added the still further warranty of a grate-work cage hung in a posizion worked out according to cabalistic formulae. German engraving of 1739.*

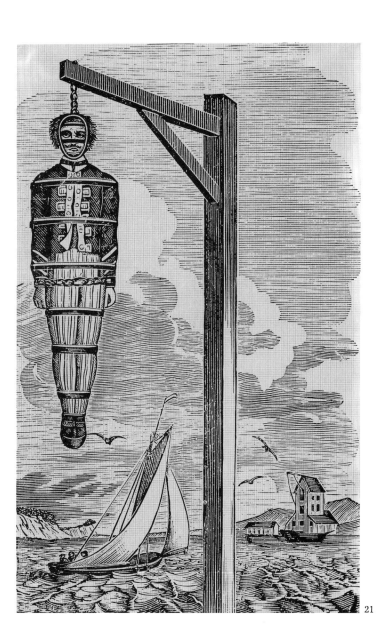

21

22

FIGURA 21 *El cadáver de un pirata ahorcado, recubierto herméticamente por resina de pino, con el fin de retrasar la descomposición, y rodeado por correas para impedir el desprendimiento de los miembros. Así, embalsamado, servía durante largo tiempo como escarmiento moral. Grabado sobre madera de George Hodder, Liverpool, 1810.*

FIGURA 22 (y 19) *Las horcas de hierro, provistas de una especie de pararrayos para espíritus, realizadas según preceptos complejos y arcanos, se usaban para colgar alquimistas que habían fracasado en su empeño de fabricar oro para sus amos-príncipes. El temor de que los demonios familiares del colgado se apoderaran de los secretos aún existentes en la sustancia del cadaver, y los transmitieran a investigadores de otros principados, indujo a la adopción de esta prudente precaución; a menudo se añadía una jaula enrejada, en una posición calculada según fórmulas cabalísticas, para mayor seguridad. Grabado alemán de 1739.*

8

BREAKING WITH THE WHEEL
BREAKING WHEEL: CENTRAL EUROPE, PROB. 18TH CENTURY; SOME RESTORATIONS. HORIZONTAL WHEEL A MODERN RECONSTRUCTION.

PROVENANCE: IN A GERMAN COLLECTION UNTIL THE SECOND WORLD WAR; SINCE 1945 IN A PRIV. COLL., U.S.A.; SINCE 1982 ON LOAN TO THIS EXHIBITION.

After hanging, ''breaking with the wheel'' was the most common means of execution throughout Germanic Europe from the early Middle Ages to the beginning of the eighteenth century; in Gallic and Latin Europe the breaking was done with massive iron bars and with maces instead of wheels — see Fig. 98, p. 103.

The victim, naked, was stretched out supine on the ground or on the execution dock, with his or her limbs spread, and tied to stakes or iron rings. Stout wooden crosspieces were placed under the wrists, elbows, ankles, knees and hips. The executioner then smashed limb after limb and joint after joint, including the shoulders and hips, with the iron-tyred edge of the wheel, but avoiding fatal blows — see Figs. 24-31 on pages 44-45. The victim was transformed, according to the observations of a seventeenth-century German chronicler, ''into a sort of huge screaming puppet writhing in rivulets of blood, a puppet with four tentacles, like a sea monster, of raw, slimy and shapeless flesh [*rohw, schleymig und formlos Fleisch wie di Schleuch eines Tündenfischs*] mixed up with splinters of smashed bones''.* Thereafter the shattered limbs were ''braided'' into the spokes of the large wheel, and the victim hoisted up horizontally to the top of a pole, where the crows ripped away bits of flesh and pecked out eyes. Death came after what was probably the longest and most atrocious agony that the ingenuousness of the power structure could inflict.

Together with burning at the stake and drawing-and-quartering, this was one of the most popular spectacles among the many similar ones that took place in all the squares of Europe more or less every day. Hundreds of depictions from the span 1450-1750 show throngs of plebeians and the well-born lost in rapt delight around a good wheeling, better if of a woman, best of all if of several women in a row (See THE VAGINAL PEAR, p. 132).

---

* *Trewlicher Bericht eynes scröcklichen Kindermords beym Hexensabath. . . (etc.)*, a newsletter in 8vo, Hamburg, 12th June 1607.

8

LA RUEDA PARA DESPEDAZAR
RUEDA PEQUEÑA, PARA DESPEDAZAR: EUROPA CENTRAL, PROB. SIG. XVIII; ALGUNAS RESTAURACIONES. RUEDA HORIZONTAL: RECONSTRUCCION MODERNA.

PROCEDENCIA: EN UNA COLECCIÓN ALEMANA HASTA LA SEGUNDA GUERRA MUNDIAL; DESDE 1945 EN UNA COL. PRIV., EE.UU.; DESDE 1982 EN PRÉSTAMO PARA ESTA EXPOSICIÓN.

La rueda para despedazar era el instrumento de ejecución más común en la Europa germánica, después de la horca, desde la Baja Edad Media hasta principios del siglo XVIII; en la Europa latina y gala el despedazamiento se llevaba a cabo con barras macizas de hierro y mazas herradas en lugar de ruedas — ver pág. 103, fig. 98.

La víctima, desnuda, era estirada boca arriba en el suelo o en el patíbulo, con los miembros extendidos al máximo y atados a estacas o anillas de hierro. Bajo las muñecas, codos, rodillas y caderas se colocaban, atravesados, trozos de madera. El verdugo, asestando violentos golpes con la rueda, como representado en la xilografia aqui al lado (y en las figuras 24-31), machacaba entonces hueso tras hueso y articulación tras articulación, incluídos los hombros y caderas, con la rueda de borde herrado, pero procurando no asestar golpes fatales. La víctima se transformaba, según las observaciones de un cronista alemán anónimo del siglo XVII, «en un especie de gran títere aullante retorciéndose, como un pulpo gigante de cuatro tentáculos, entre arroyuelos de sangre, carne cruda, viscosa y amorfa mezclada con astillas de huesos rotos»*. Después se le desataba e introducía entre los radios de la gran rueda horizontal al extremo de un poste que después se alzaba. Luego los cuervos arrancarían tiras de carne y vaciarían los ojos hasta que llegaba la muerte, con la que probablemente era la más larga y atroz agonía que el poder era capaz de infligir.

Junto a la hoguera y el descuartizamiento, éste era uno de los espectáculos más populares entre los muchos parecidos que tenían lugar en las plazas de Europa, más o menos todos los días. Centenares de ilustraciones durante el periodo 1450-1750 muestran muchedumbres de plebeyos y de nobles, deleitándose con el espectáculo de un buen despedazamiento, preferibilmente o, mejor aún, de una o varias mujeres en fila. (Ver página 132, con respecto a la PERA VAGINAL).

---

* *Trewlicher Bericht eynes schröcklichen Kindermordes beym Hexensabath... (etc.)*, cuaderno noticiario en octavilla, Hamburgo, 12 de junio de 1607.

FIGURE 23 *A synthesis of breaking with, and braiding into, the wheel. Woodcut from the* Schweizerchronik *of Hans Stumpf, Lucerne, 1548.*

FIGURA 23 *Una síntesis del despedazamiento con la rueda herrada y el entrelazamiento en la rueda horizontal. Xilografía de la* Schweizerchronik *de Hans Stumpf, Lucerna, 1548.*

FIGURE 24 *The victim, broken, has been braided into the horizontal wheel; the executioner mocks and taunts, but the woman and the two men on the left seem more thoughtful. Tempera on parchment, in the* Book of Numquam, *13th cent., in the library of the cathedral in Soest, Holland.*

FIGURE 25 *The executioner drives a stake into the belly of a woman, already in her grave, before burying her alive. A man is about to be broken with the wheel and braided. Watercolour in the* Stadtchronik *of Veidt Gerber, Fribourg, 1547, in the cantonal library, Fribourg.*

FIGURE 26 *The devil fetches off the soul of a witch, while her accomplice is broken with the wheel; the Virgin, with the baby Jesus in her lap, is looking down from heaven. Title woodcut of a German newsletter of 1517 which reports on the hair-raising crimes of the unorthodox. (See also pages 118-119).*

FIGURE 27 *The wheel and the cauldron; two heretics, or possibly coin forgers, are being boiled. Coloured drawing from the* Spiezer Chronik *of Daniel Schilling, 1485, in the city library of Bern.*

24

26

27

25

FIGURA 24 *La víctima despedazada ha sido entrelazada en los radios de la rueda horizontal; el verdugo se burla de él, pero la mujer y los dos hombres de la izquierda parecen más pensativos. Pintura sobre pergamino en el* Libro de Numquam, *siglo XIII, Biblioteca de la Catedral, Soest, Holanda.*

FIGURA 25 *El verdugo clava una estaca en el vientre de una mujer que va a ser enterrada viva, ya colocada en la fosa. Un hombre está a punto de ser despedazado y entrelazado. Acuarela de la* Stadtchronik *de Veidt Gerber, Friburgo, 1547, Biblioteca Cantonal, Friburgo.*

FIGURA 26 *El diablo se apodera del alma de una bruja, mientras su cómplice es despedazado; la Virgen con el Niño Jesús mira desde el cielo. Titular en xilografía de un noticiario alemán de 1517 que explica las espeluznantes maldades de los heterodoxos (ver también páginas 118-119).*

FIGURA 27 *La rueda y el caldero; dos herejes o quizás falsificadores de moneda son hervidos. Dibujo de la* Spiezer Chronik *de Daniel Schilling, 1485, Biblioteca Municipal de Berna.*

28   29

30

31

9
THE SAW
SPANISH, PROBABLY 18th CENTURY.
PROVENANCE: PRIV. COLL., SPAIN.

There is not much that need be said after having examined the accompanying illustrations. The saw here on view is antique but cannot be associated specifically with the homonymous torture, a process that can be carried out with any large-toothed, four-handed woodsman's saw. The present example is such a one, and certainly a couple of centuries old, or more.

History abounds in martyrs — religious, lay and antireligious — who suffered this fate, one that may be worse even than being burnt at the stake with a slow, small fire, or being dipped into boiling oil. Owing to his inverted position, which assures ample oxygenation of the brain and impedes the general loss of blood, the victim does not lose consciousness until the saw reaches the navel — and even the breast, if one is to believe accounts of the early eighteen-hundreds*.

The Bible tells us (II Samuel 12:31) that David, Hebrew king and Christian saint, exterminated the inhabitants of Rabbah and all the other Ammonite cities by putting man, woman and child "under saws, and under harrows of iron, and under axes of iron, and made them pass through the brick-kiln". This species of just slightly less than divine approbation has greatly contributed to the favour that the saw, axe and stake have always enjoyed among the Righteous, so much so that the saw was often meted out to homosexuals of both sexes, though predominantly to men. In Spain *la sierra* was a means of execution in the armed forces until the end of the eighteenth century, according to contemporary references which however do not cite any factual data. In Catalonia, during Napoleon's and Wellington's peninsular campaigns in 1808-14, the Catalonian guerillas subjected tens and perhaps hundreds of French, Spanish and British officers to the saw, little caring for the alliances of the moment. In Lutheran Germany the saw awaited the leaders of rebellious peasants, and in France witches pregnant by Satan.

---

* Charles Fitzwilliams, *Observations and Reminiscences concerning the recent Campaigns in Iberia, by a Naturalist and cartographer in the service of the King's Land Forces there from 1809 to 1814*; London, 1817

9
LA SIERRA
ESPAÑOLA, PROBABLEMENTE SIGLO XVIII.
PROCEDENCIA: COL. PRIV., ESPAÑA.

No se necesitan muchas explicaciones después de haber contemplado las ilustraciones adjuntas. La sierra que se puede ver aquí es antigua, pero no se puede asociar específicamente con la tortura homónima, un proceso que se puede llevar a cabo con cualquier sierra de leñador a cuatro manos y de grandes dientes. El ejemplar que se muestra es una de ellas y con seguridad de dos o más siglos de antigüedad.

La historia abunda en mártires — religiosos, laicos y antirreligiosos — que sufrieron este suplicio, quizás peor que la cremación lenta o la inmersión en aceite hirviendo. Debido a la posición invertida, que asegura suficiente oxigenación del cerebro e impide la pérdida general de sangre, la víctima no perdía el conocimiento hasta que la sierra alcanzaba el ombligo, e incluso el pecho, de ser ciertos relatos de principios del siglo XIX*.

La Biblia nos dice (II Samuel 12:31) que David, rey hebreo y santo cristiano, exterminó a los habitantes de Rabbah y todas las otras ciudades amonitas por el método de poner hombres, mujeres y niños «bajo sierras y rastrillos y hachas de hierro y en hornos de ladrillos». Esta especie de beneplácito, poco menos que divino, ha contribuído grandemente a la aceptación que la sierra, el hacha y la hoguera siempre han obtenido entre la gente bien pensante, de tal manera que la sierra se aplicaba a menudo a homosexuales de ambos sexos, aunque predominantemente hombres. En España la sierra era un medio de ejecución militar hasta el fín del siglo XVIII según referencias contemporáneas, las cuales, sin embargo, no citan ningún hecho concreto. En Cataluña durante la Guerra de la Independencia (1808-14), los guerrilleros catalanes sometieron a decenas o quizás centenares de oficiales franceses, españoles e ingleses a la sierra, sin preocuparse de las alianzas del momento. En la Alemania luterana la sierra aguardaba a los cabecillas de los campesinos rebeldes, y en Francia a la brujas preñadas por Satanás.

---

* Charles Fitzwilliams, *Observations and Reminiscences concerning the recent Campaigns in Iberia, by a Naturalist and cartographer in the service of the King's Land Forces there from 1809 to 1814*; London, 1817

FIGURE 32 *The fate of three homosexuals. Anonymous German woodcut in* Speculum abominatium in oculis Domini, *by Franziskus Grontius, Leipzig, 1474.*

FIGURA 32 *La suerte de tres homosexuales. Xilografía del* Speculum abominatium in oculis Domini, *de Franziskus Grontius, Lipsia, 1474.*

FIGURE 33 *Woodcut by Lukas Cranach, 1548.*

FIGURE 33 *Woodcut by Lukas Cranach, 1548.*

FIGURA 34 *Detail of a Dutch engraving, prob. 18th cent., source not identified; reprinted in Villenueuve (see p. 157).*

33

34

FIGURA 33 *Xilografía de Lukas Cranach, 1548.*

FIGURA 34 *Detalle de un grabado holandes de s. XVIII, de una fuente no identificada; riproducido en Villenueve (v. p. 157).*

FIGURA 35 *Detail of an engraving by Antonio Tempesta, 1591.*

FIGURA 36 *Antes de cortarle la cabeza, no de golpe, sino con pequeños cortes, como serrándosela, la víctima ha sido empujada sobre un banco con afilados pinchos. Xilografía de una edición del* Decamerón *de Boccaccio, finales del siglo XV.*

FIGURA 35 *Detalle de un grabado de Antonio Tempesta, 1591.*

10

THE "JUDAS CRADLE"

IRON WAIST RING: EUROPE GENERALLY, 1500-1700.
PROVENANCE: ZINGARELLI COLLECTION, MILAN
(EX DONLEY COLLECTION, IPSWICH, ENGLAND).

WOODEN PYRAMID: A MODERN RECONSTRUCTION.

WALL WINCH, PULLEYS AND IRON WALL RINGS: FROM
A TUSCAN AGRICULTURAL ESTATE, WHERE THEY
WERE USED FROM THE EARLY 1900's UP UNTIL
ABOUT 1970 FOR LOADING WAGONS.

This procedure has remained essentially unchanged from the Middle Ages until today. The victim is hoisted up in the manner shown in the accompanying illustration, and lowered onto the point of the pyramid in such a way that his weight rests on the point positioned in the anus, in the vagina, under the scrotum or under the coccyx (the last two or three vertebrae). The executioner, according to the pleasure of the interrogators, can vary the pressure from zero to that of total body weight. The victim can be rocked, or made to fall repeatedly onto the point.

The Judas cradle was thus called also in Italian (*culla di Giuda*) and German (*Judaswiege*), but in French it was known as *la veille*, "the wake" or "nightwatch".

Nowadays this method enjoys the favour of not a few governments in Latin America and elsewhere, with and without improvements like electrified waist rings and pyramid points.

10

LA «CUNA DE JUDAS»

CINTURÓN: EUROPA EN GENERAL, 1500-1700.
PROCEDENCIA: COLECCIÓN ZINGARELLI, MILÁN
(EX COLECCIÓN DONLEY, IPSWICH, INGLATERRA).

PIRÁMIDE DE MADERA: RECONSTRUCCIÓN MODERNA.

CABESTRANTE MURAL, POLEAS Y ARGOLLAS DE LA PA-
RED: DE UNA HACIENDA TOSCANA, DONDE SE USA-
BAN PARA CARGAR CARROS DESDE PRINCIPIOS DEL
1900 HASTA APROXIMADAMENTE 1970.

Este procedimiento prácticamente no ha cambiado desde la Edad Media hasta nuestros días. La víctima es izada de la manera que se puede ver en la ilustración adjunta y descendida sobre la punta de la pirámide; de tal manera que su peso reposa sobre el punto situado en el ano, en la vagina, bajo el escroto o bajo el coxis (las dos\tres últimas vértebras). El verdugo, según las indicaciones de los interrogadores, puede variar la presión desde nada hasta todo el peso del cuerpo. Se puede sacudir a la víctima o hacerla caer repetidas veces sobre la punta.

La «cuna de Judas» se llamaba así en italiano (*culla de Giuda*, en alemán (*Judaswiege*) y en inglés (*Judas cradle*), pero en francés se la conocía como *la veille*, «la vigilia».

Hoy en día este método goza del favor de no pocos gobiernos latinoaméricanos y de otras partes, con o sin mejoras como cinturones y puntas de pirámides electrificadas.

11/13
CHAIN SCOURGES, or CHAIN FLAILS
EUROPE GENERALLY, 1650-1900.

PROVENANCE: VARIOUS PRIV. COLLS., ITALY.

No comment is needed for these devices, which seems more weapons of war than a torture instrument; nevertheless, more or less similar scourges in great variety — with two, three and even eight chains, laden with "stars", or supplemented by long, sharp steel bands — were used, and to some extent still are today, for scourging the human body.

Included in the present exhibition are: a chain flail made of razor-sharp, flat oval links; another with "laurels", i.e. pointed, sharp-edged, leaf-shaped metal blades set into the chain; another with a double chain terminating in four massive iron "stars"; and a fragment of a 14th-century "crown of thorns" flail.

As has been observed in other contexts in this Commentary, modern torture for the most part requires methods that leave no marks on the victim, for reasons of propaganda. Nevertheless, heavy, bloody, crushing, mediaeval systems do still find ample employment, especially when the object is execution rather than enquiry.

11/13
LATIGOS DE CADENA
EUROPA EN GENERAL, 1650-1900.

PROCEDENCIA: VARIAS COLS. PRIVS., ITALIA.

No se necesitan comentarios para estos artilugios, que parecen más armas de guerra que instrumentos de tortura; sin embargo, látigos más o menos similares pero en gran variedad — con 2, 3 y hasta 8 cadenas, provistas de muchas «estrellas», o bien hojas de acero cortantes — se usaban, y en cierta medida aún se usan, para flagelar el cuerpo humano.

En la presente exposición se incluyen: un látigo de cadenas formadas por eslabones planos y ovales, afilados como cuchillas; otro de «hojitas», es decir de cadenas intercaladas con cuchillas en forma de hojas; otro de cadena doble con cuatro pesadas «estrellas» de hierro en la punta; y un fragmento de un látigo del siglo XIV, denominado «corona de espinas».

Como se ha observado en otros comentarios de este catálogo, la tortura moderna en su mayor parte necesita métodos que no dejen marcas sobre la víctima, por razones propagandísticas. Sin embargo los métodos medievales duros, sangrientos, lacerantes, todavía encuentran amplia aceptación, sobre todo cuando se trata de ejecuciones más que de interrogatorios.

FIGURE 38 *Cutting out the tongue, and flaying with the "broom".* Woodcut by Nicolas Stoer, about 1540.

FIGURA 38 *Corte de la lengua, y el despellejamiento con haces de brezo. Xilografía de Hans Sebald Beham, 1535-1540.*

14
A "SKINNING CAT"
MODERN RECONSTRUCTION, MADE FOR THIS EXHIBITION.

14
EL LATIGO PARA DESOLLAR
RECONSTRUCCIÓN MODERNA HECHA PARA ESTA EXPOSICIÓN.

These cords, at first glance so harmless, serve a specific end: flaying. They were soaked in a solution of salt and sulphur in water and applied to the victim's back or belly in such a way that, owing to the charcteristics of hemp fibre and the effects of the salt and sulphur, not to mention the more than a hundred sharp iron «stars», one at the end of each cord, the skin and flesh are quickly reduced to a pulp and the lungs, kidneys, liver and intestines begin to protrude. Throughout this treatment the affected areas are laved with the same solution, now heated to near boiling point.

The family of whips is vast. Its members range in size from giants, like the "cat-o'-nine-tails" and the knout (pronunced with the k, *k'noot*, to rhyme with boot, not k-less and to rhyme with snout) of the Russian boyars, a contrivance that can pulp an arm and a shoulder with a single blow, to thin and insidious ones like the infamous bull's pizzle, which with two or three blows can slice through a pair of buttocks to show the bone of the pelvis — and finally to the braids shown here.

Estos cordeles, en apariencia inofensivos, tenían una finalidad bien precisa: desollar. Eran empapados en una solución de sal y azufre disueltos en agua de manera que, debido a las características de la fibra de cáñamo y a los efectos de la sal y el azufre, por no hablar de las más de cien «estrellas» de hierro, afiladisimas, una al final de cada cuerda, la carne lentamente se reduce a pulpa hasta que sobresalen los pulmones, los riñones, el hígado y los intestinos. Durante este procedimiento la zona afectada se va remojando con la misma solución pero casi en ebullición.

La familia de los látigos es vasta. Sus miembros varían de tamaño desde gigantes como «el gato de nueve colas» y el *knut* de los boyardos rusos, que podía lisiar un brazo y un hombro de un sólo golpe, hasta los más finos e insidiosos como el famoso *nervio de toro*, que con dos o tres golpes podía cortar la carne de las nalgas hasta llegar a la pelvis, y finalmente al de hilo trenzado aquí presente.

FIGURE 39 *Spaniards in Mexico flaying Indians with whips and pouring molten lead on others, as penalties for refusing to work in the silver mines. Engraving from Johann Cloppenburg*, Le miroir de la tyrannie espagnole perpêtrée aux Indes Occidentales, *Amsterdam, 1620, reproduced in Villeneuve (see p. 157). (Cfr. Figs. 64/65).*

FIGURA 39 *Españoles en Méjico desollan a un indio con el látigo y vierten plomo fundido sobre la espalda de otro, por haberse negado a trabajar en las minas de plata. Grabado en Johann Cloppenburg*, Le miroir de la tyrannie espagnole perpetrée aux Indes Occidentales, *Amsterdam, 1620, reproducido en Villeneuve (v. p. 157) (Cfr. tambíen Figs. 64-65)*

FIGURE 40 *Whipping — not to the point of flaying — of unmarried mothers. Engraving by Daniel Chodowiecki, Berlin, 1772.*

FIGURE 41 *A public beating, the stocks and the "shrew's violin". Austrian engraving from an unknown source, about 1775.*

FIGURE 42 *Military punishments: whipping and running the gauntlet of the entire regiment. Engraving by Daniel Chodowiecki, Dresden, 1770.*

41

40

42

FIGURA 40 *Fustigación — sin desollarlas — de las madres solteras. Grabado de Daniel Chodowiecki, Berlín, 1772.*

FIGURA 41 *Los bastonazos, el cepo y «el violón de las comadres». Grabado austríaco aprox. 1775, procedencia desconocida.*

FIGURA 42 *Castigos militares: la fustigación y el paso por los bastones de todo el regimiento. Grabado del Daniel Chodowiecki, Berlín, 1770.*

FIGURES 43/44 *Two of the 112 engravings by Jan Luyken of Amsterdam (1649-1712) that comprise the series* Het podium der martelaren (The Theatre of Martyrs), *Amsterdam, about* 1700. *After having been tortured, the famous humanists and free-thinkers Geleyn Cornelius and Ursula Schulmeysterin were burnt by the Spanish Inquisition in Holland..*

FIGURE 45 *Among the most atrocious ordeals was and is the water torture. The victim is tilted feet-down and forced to swallovw immense quantities, usually by having a funnel forced into his or her mouth and the nose pinched shut, so that he is compelled to down the content of the funnel before being able to gasp for air. The terror of suffocation, endlessly* repeated, *is by itself an agonising torment. When the belly is bloated grotesquely, the victim is tilted head-down, so that the pressure on the lungs and heart causes unimaginable anguish, which the executioner exacerbates by beating on the abdomen. This treatment is still widely inflicted, being easy to administer and free of tell-tale traces.*

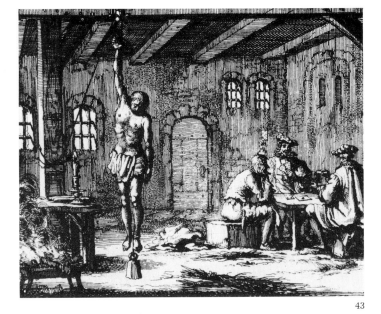

43

44

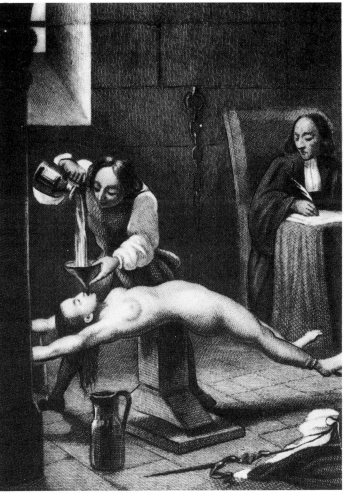

45

FIGURAS 43/44 *Cuatro de los ciento y doce grabados de Jan Jan Luyken de Amsterdam (1649-1712) que constituyen la serie* Het podium der Martelaren (El escenario de los mártires), *Amsterdam, apróx. 1700.*

Después de haber sufrido horribles torturas los libre-pensadores Geleyn Cornelius y Ursula Schulmeysterin (abajo) fueron quemados por la Inquisición española en Holanda.

FIGURA 45 *Entre los suplicios más atroces estaba, y está, el del agua. La víctima es inclinada con los pies hacia abajo y obligada a engullir inmensas cantidades, generalmente por medio de un embudo embutido en la boca mientras la nariz es tapada, lo cual fuerza a tragar todo el contenido del embudo antes de poder respirar una bocanada de aire. Sólo el terror de la asfixia repetido infinitas veces, es de por* sí *un tormento angustioso. Cuando el estomago se distende e hincha de manera grotesca, se inclina la víctima con la cabeza hacia abajo; la presión contra el diafragma y el corazón ocasiona estados de sufrimiento inimaginables, sufrimientos que el verdugo aumenta golpeando el abdomen. Este tratamiento se aplica ampliamente hoy en día porque es fácil de administrar y no deja marcas delatoras.*

15
THE "SCAVENGER'S DAUGHTER", or THE "STORK"
EUROPE GENERALLY, 1500-1650.

PROVENANCE: PRIV. COLL., SCOTLAND.

At first sight merely another device of bondage and restraint, not more to be feared than a host of more or less similar gadgets, the "scavenger's daughter" induces violent cramps within a short time, first in the abdominal and rectal muscles, then in the pectoral and cervical ones and in those of the arms and legs, cramps that with the passage of the hours merge into one continuous agony — in particular, it seems, in the abdomen and the rectum. By way of good measure the victim can be beaten, kicked, burnt and mutilated, as the torturer pleases.

A specimen in the Tower of London, almost identical to the present one, is known as the "scavenger's daughter", a term the etymology of which remains unexplained. The Italian word *cicogna*, "stork", used to describe this instrument, is quoted by Muratori, who attributes it to Venetian, Roman and Milanese judicial and inquisitorial archives of the period 1550-1650. *

---

* Ludovico Antonio Muratori, *Annali d'Italia*, Milan, 1744-49, Vol. IX.

15
LA «CIGÜEÑA». o «LA HIJA DEL BASURERO»
EUROPA EN GENERAL, 1500-1650.

PROCEDENCIA: COL. PRIV., ESCOCIA.

Aunque a primera vista parezca únicamente otro método de inmovilización o de constricción, no más temible que millares de artilugios más o menos similares, la «cigüeña» provoca en la víctima, a menudo ya a los pocos minutos, fuertes calambres, primero de los músculos abdominales y rectales, y luego de los pectorales, cervicales y de las extremidades; calambres que con el paso de las horas conducen a una única, continua y atroz agonía sobre todo, parece ser, en el abdomen y recto. En tal situación la víctima puede ser golpeada, pateada, quemada y mutilada, a placer.

Un ejemplar en la Torre de Londres, casi idéntico al aquí presente, se conoce como la «scavenger's daughter» — la hija del basurero — término cuyo origen se desconoce. La palabra italiana *cicogna*, «cigüeña», usada para describir este instrumento, es citada por Muratori, quien la atribuye a archivos judiciales venecianos e inquisitoriales romanos y milaneses del período 1550-1650.*

---

* Lodovico Antonio Muratori, *Annali d'Italia*, Milán, 1744-49, Vol. IX.

16
«ARAÑAS ESPAÑOLAS»
PROBABLEMENTE ITALIANAS, EUROPEAS EN GENERAL, 1500-1800.

PROCEDENCIA: COL. PRIV., MILAN.

También llamadas «arañas de la bruja», garras con cuatro puntas unidas en forma de tenazas constituían herramientas fundamentales del verdugo. Servían tanto frias como calientes, para alzar las víctimas por la nalgas, los senos, el vientre, y la cabeza, a menudo con dos puntas en los ojos y en las orejas. Muy usado hoy en día por la policia del Tercer Mundo, especialmente para interrogar a las mujeres.

16
"SPANISH SPIDERS"
PROBABLY ITALIAN, GENERALLY EUROPEAN, 1500-1800.

PROVENANCE: PRIV. COLL., MILAN.

Also called "witch's spiders", these four-pronged, scissor-jointed claws were basic tools in the torture dungeon. They served, both cold and red-hot, for lifting up the victim by the buttocks, the breasts, the belly or the head, often with two prongs in the eyes or ears. They are in universal use in Third-World police stations today, especially for the interrogation of women.

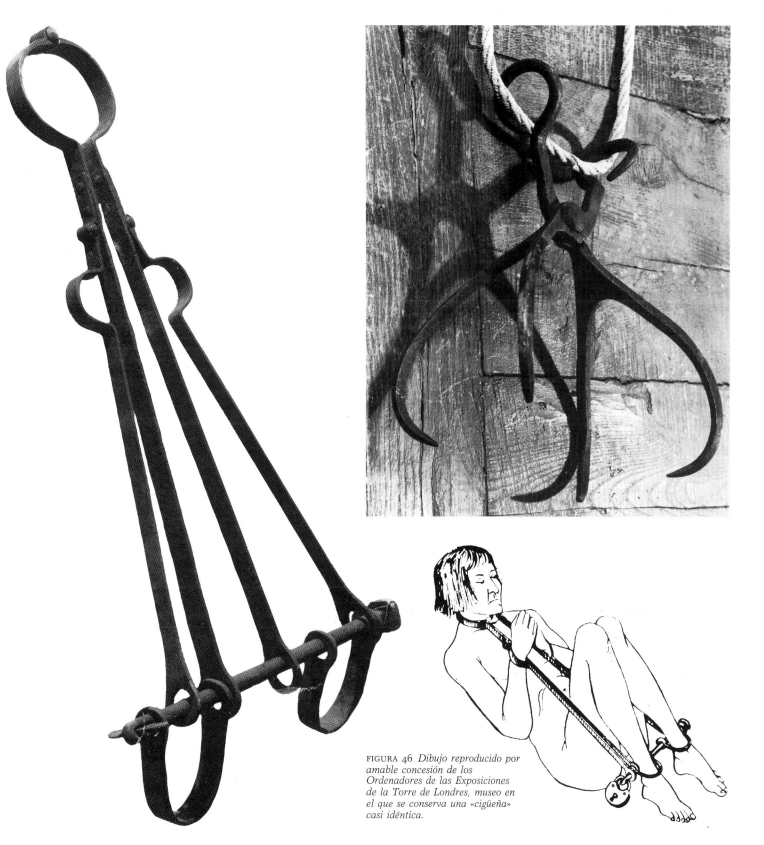

FIGURE 46 *Drawing reproduced by kind permission of the Curator of Exibits of the Tower of London. An almost identical instrument is kept there.*

FIGURA 46 *Dibujo reproducido por amable concesión de los Ordenadores de las Exposiciones de la Torre de Londres, museo en el que se conserva una «cigüeña» casi idéntica.*

59

17/22
WRIST- AND LEG-IRONS ("DARBIES")
GENERALLY EUROPEAN, 1750-1900.

PROVENANCE: VARIOUS PRIV. COLLS., EUROPE.

The device with a central bar and four loops serves for securing the ankles in the larger loops, the wrists in the smaller. The victim, thus trussed up, could be hoisted up with a hook attached to the bar.

FIGURES 47/48 *Two prisoners. Etching by Francisco Goya, from* The Disasters of the Wars, *Madrid, 1808-14.*

17/22
MANILLAS Y TOBILLERAS
EUROPA EN GENERAL, 1700-1900.

PROCEDENCIA: VARIAS COLS. PRIVS. EUROPEAS.

La barra con cuatro aberturas servía para meter los tobillos en los agujeros más anchos y las muñecas en los pequeños. La víctima atada de esta forma podía ser alzada con un gancho que se colgaba a la barra.

FIGURAS 47/48 *Dos presos. Aguafuertes de Francisco Goya,* Los desastres de la guerra, *Madrid, 1808-14.*

23

HEAD CRUSHER
VENETIAN, 1500-1700

PROVENANCE: PRIV. COLL., RICHMOND, VIRGINIA, U.S.A. (EX SCHMIDT-MEIDOFF COLLECTION, BERLIN; PREVIOUSLY EX COLLECTION FRIEDLAENDER-MANIN, VENICE).

23

EL APLASTACABEZAS
VENECIANO, 1500-1700.

PROCEDENCIA: COL. PRIV., RICHMOND, VIRGINIA, EE.UU. (EX-COLECCIÓN SCHMIDT-MEIDOFF, BERLIN; ANTERIORMENTE EX-COLECCIÓN FRIEDLAENDER-MANIN, VENECIA).

Recorded in sources dating as early as the Middle Ages, head crushers enjoy the esteem of the authorities in many parts of the world today. The victim's chin is placed on the lower bar, and the cap forced down by the screw.

All comment seems superfluous. First the teeth are crushed into their sockets and smash the surrounding bone, then the eyes are forced out of their sockets, and finally the brain squirts through the fragmented skull.

Although nowadays no longer a means of capital punishment, head crushers are still used for interrogation. The modern caps and chin rests are padded with soft materials so as to leave no mark on the victim.

Los aplastacabezas, de los que se tienen noticias ya en la Edad Media, gozan de la estima de las autoridades de buena parte del mundo actual. La barbilla de la víctima se coloca en la barra inferior y el casquete es empujado hacia abajo por el tornillo.

Cualquier comentario parece superfluo. Primero se destrozan los alveolos dentarios, después las mandíbulas, hasta que el cerebro se escurre por la cavidad de los ojos y entre los fragmentos del cráneo.

Aunque hoy en día ya no sean instrumentos de la pena capital, los aplastacabezas todavía se usan para interrogatorios. El casquete y la barra inferior actuales están recubiertos de material blando que no dejan marcas sobre la víctima.

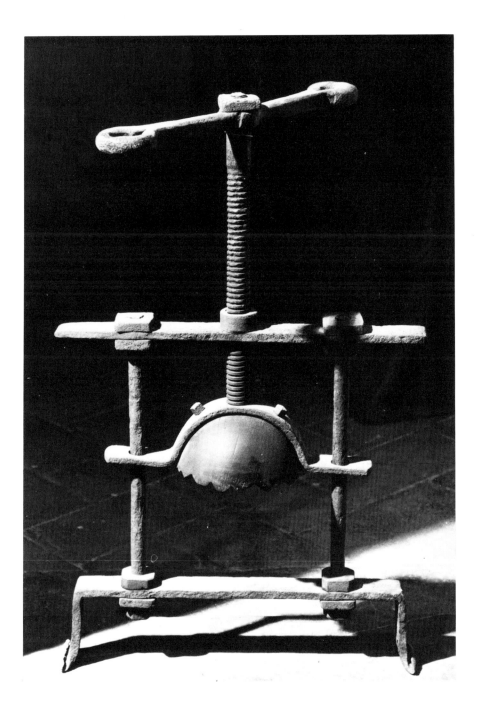

24/25

SKULL-SPLITTERS
VENETIAN, 18TH CENTURY.

PROVENANCE: PRIV. COLL., RICHMOND, VIRGINIA, U.S.A. (EX FRIEDLAENDER-MANIN COLLECTION, VENICE).

24/25

ROMPECRANEOS
VENECIANO, SIGLO XVIII.

PROCEDENCIA: COL. PRIV., RICHMOND, VIRGINIA, U.S.A. (EX COLECCION FRIEDLAENDER-MANIN, VENECIA).

Fitted around the head, the spikes, under the force of tightening screws, could pierce the bone and, when long spikes were combined with bilateral screws, as in the case of the device on the right, lead to the splitting-off of the cranial cap. The specimen on the left has a handle for shaking and twisting the victim's head; the one on the right has two fixtures for the attachment of thongs or hooks for hoisting him or her upward until the cap splits off or the cervical vertebrae come apart.

Colocados alrededor de la cabeza, los pinchos, bajo la fuerza de la presión del tornillo, señalaban el craneo que, junto con la fuerza bilateral de los pinchos gordos como se puede ver en el instrumento de la derecha, hacian que se desprendiese el casquete cránico. El ejemplar de la izquierda tiene una especie de mango para sacudir la cabeza después de que los pinchos hayan penetrado en la piel o en el hueso; el ejemplar de la derecha lleva dos cavidades laterales para ganchos o correas para alzar a la víctima, hasta que se desprenda el casquete o las vertebras cervicales.

26

THE STOCKS, or PILLORY
AUSTRIAN, PROB. 18th CENTURY, PERHAPS EARLIER.
PROVENANCE: PRIV. COLL., ITALY.

26

EL CEPO
AUSTRÍACO, PROB. SIG. XVIII, QUIZÁS ANTERIOR.
PROCEDENCIA: COL. PRIV., ITALIA.

The victim, with his or her hands and feet locked into the pertinent holes and bracket irons, was set out in the square, where the mob, in the mildest of cases, poked him, slapped him and besmirched him with faeces and urine: substances supplied by the ubiquitous chamber pots and open jakes, and smeared into his mouth, ears, nose, hair; but in many instances he — more often she — was beaten badly, stoned, burnt, cut and even severely mutilated. Incessant tickling on the soles of the feet and in the flanks also soon became unbearable. Only the most innocuous transgressors could hope to get away with no more than a few black-and-blue marks and a couple of bumps.

Children's books, cinema, television and the modern image industry generally often portray the stocks in humourous colours, centred on a grumpy victim being cajoled and reviled, but always benevolently, by his rough-and-tumble neighbours. Reality was different.

See also BRANKS OR SCOLD'S BRANKS (Nos. 66/71, p. 150), and NOISE-MAKER'S FIFES (No. 30/31, p. 74).

La víctima con las manos y pies aprisionados en las aberturas correspondientes, era de esta manera expuesta en la plaza pública, donde la chusma, en el mejor de los casos le provocaba, abofeteaba y embadurnaba con heces y orina, sustancias procedentes de orinales y pozos ciegos que se le emplastaban en boca, orejas, nariz y pelo; pero en muchas ocasiones era también golpeada, lapidada, quemada, lacerada e incluso gravemente mutilada. También las incesantes cosquillas en las plantas de los pies y en los costados llegaban a convertirse en una tortura insoportable. Sólo los transgresores más inocuos podían esperar librarse con no más de unos pocos cardenales.

Las ilustraciones de los libros infantiles, el cine, la televisión y la iconografía moderna generalmente presenta la picota bajo un aspecto humorístico, centrado en una víctima gruñona de la que se burlan sus conciudadanos y vecinos de manera grosera pero benévola. La realidad era muy diferente.

Ver también las MÁSCARAS INFAMANTES (n. 66/71, p. 150) y la FLAUTA DEL ALBOROTADOR (n. 30/31, p. 74).

FIGURE 49 *The* Hohe Scharfrichter — *the chief executioner — confirms the sentence of the stocks to three evildoers, who, judging from the imploring gestures of the first and third, seem to know very well what horrors await them in the next hours and days. Woodcut by Hermann Wautz, Nuremberg, about 1510.*

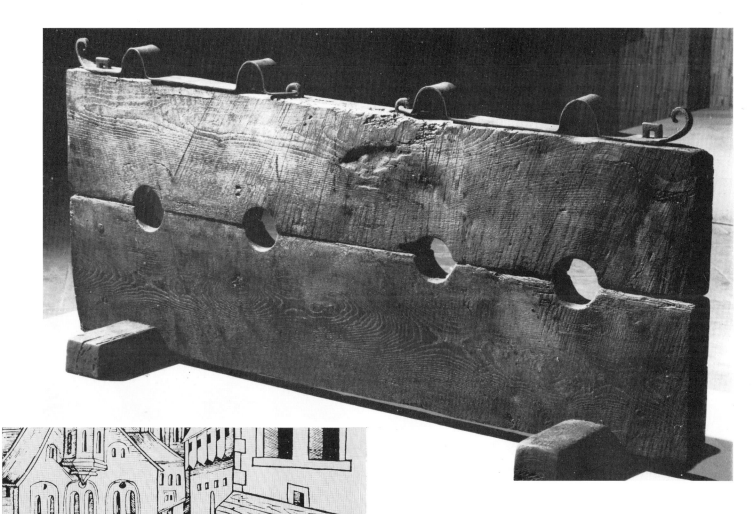

FIGURA 49 *El* Hohe Scharfrichter — *el verdugo en jefe — confirma la sentencia del cepo a tres malhechores los cuales, a juzgar por los gestos implorantes de dos de ellos, saben bien los horrores que tendrán que afrontar en las próximas horas y días. Xilografía de Herman Wautz, Nuremberg, aprox. 1510.*

50

52

FIGURE 53 *Two torture chambers. Above: Augsburg; below: Nuremberg. Engravings by M.V. del Féréal, 1870, for a traveller's guide, reprinted in Schild (see p. 157).*

FIGURE 54 *The Roman Inquisition burning off the tongue and lips of a dissenter with a red-hot iron. Etching from Jan Luyken's Het podium der martelaaren, Amsterdam, about 1700 (see pp. 86-87).*

FIGURE 55 *Crushing under hundreds of pounds of deadweight, a punishment called the "turtle", and also, when rendered more atrocious still by the wooden wedge underneath, the "scales". Woodcut from an unknown source, probably English, late 1500's.*

54

53

55

FIGURA 54 *La Inquisición Romana destrue la lengua y los labios de un disidente religioso. Grabado de Jan Luyken, en Het podium der martelaaren, Amsterdam 1700 apróx. (v. págs. 86-87).*

FIGURA 55 *El aplastamiento bajo muchos quintales de peso, suplicio llamado de la «tortuga», y también, cuando se hace más cruel mediante el calzo transversal, la «báscula». Xilografía probablemente inglesa de procedencia desconocida, finales s. XVI.*

FIGURA 53 *Dos salas de tortura. Arriba: Augsburgo; debajo: Nuremberg. Grabados de M.V. Féréal, sacados de una guía turística de 1870; reproducidos en Schild (v. p. 157).*

27
THE BARREL PILLORY
AUSTRIAN, 18TH CENTURY.

PROVENANCE: PRIV. COLL., SALZBURG.

27
LA PICOTA EN TONEL
AUSTRIACA, SIGLO XVIII.

PROCEDENCIA: COL. PRIV., SALZBURGO.

A species of pillory, or stocks, inflicted for the most part on chronic drunkards, who were exposed to public ridicule in this fashion. The barrels could be either of two kinds: those closed on the bottom, with the victim immersed in faeces and urine, or merely putrid water; or else open, so that the victim could walk and be led about the town with the enormous, very painful weight on his shoulders.

Una especie de vergüenza infligida sobre todo a los borrachos que de esta forma se exponían al público vituperio. Las «picotas toneles» eran de dos tipos: las cerradas en fondo, en las que la víctima se colocaba dentro, con orines y estiercol o simplemente con agua pútrida; o las otras abiertas para que las víctimas caminasen por las calles de la ciudad con ellas a cuestas, con mucho dolor debido al gran peso.

FIGURE 56 *From Emil Köning,* Hexenprozesse, *Berlin, 1926.*

FIGURA 56 *De Emil König,*
Hexenprozesse, Berlín, 1926.

28/29
"NECKLACES" FOR NE'ER-DO-WELLS AND SLACKERS IN CHURCH ATTENDANCE
CENTRAL EUROPE, 1600-1850.

NE'ER-DO-WELL'S (WOODEN PLAYING CARDS AND PIPES): LENGTH ABOUT NINETY CENTIMETRES OR JUST UNDER THREE FEET, WEIGHT ABOUT SEVEN KILOGRAMMES OR OVER FIFTEEN POUNDS. PROVENANCE: PRIV. COLL., MUNICH.

CHURCH SLACKER'S (WOODEN ROSARY): LENGTH ABOUT A METRE, WEIGHT ABOUT EIGHT KILOGRAMMES. PROVENANCE: PRIV. COLL., VENICE.

28/29
COLLARES PARA VAGOS Y PARA RENITENTES
EUROPA CENTRAL, 1600-1850.

EJEMPLAR DE VAGO (EN FORMA DE NAIPES Y DE PIPAS): DIÁMETRO APROX. NOVENTA CENTIMETROS, PESO UNOS SIETE KILOGRAMOS. PROCEDENCIA: COL. PRIV., MUNICH.

EJEMPLAR DE «RENITENTE» (EN FORMA DE ROSARIO DE MADERA PESADA): DIÁMETRO APROX. 105 CENTIMETROS, PESO UNOS OCHO KILOGRAMOS. PROCEDENCIA: COL. PRIV., VENECIA.

Instruments of public ridicule, the ne'er-do-well's was reserved in some places for smokers and gamblers who, thus ornamented, were exposed in the market square, subject to the usual consequences — at the least painful, often serious and even fatal (see THE STOCKS, No. 26, p. 66). Similar "necklaces" made of heavy wooden or stone "bottles", of equally onerous "balance weights" or of huge iron "coins" were hung around the necks of, respectively, drunkards and dishonest shopkeepers. Poachers were decked out with chains to which the cadavers of their ill-got prey were strung and left until they putrified and fell apart — a particularly efficacious punishment in summertime. The church-slacker's piece was meted out in the mildest cases of inconstancy in Sunday attendance — a kind of paternal warning before arrest for apostasy and torture in earnest. Necklaces of this sort caused considerable torment after a few days and nights of infliction.

Instrumentos de escarnio públicos, el de vagos se reservaba en algunas ciudades a los jugadores y fumadores, que, adornados asi, eran expuestos a la picota en la plaza — con las normales consecuencias, como mínimo dolor, pero a menudo incluso graves y hasta mortales (ver el CEPO DE LA VERGÜENZA, n. 26, p. 66). Collares similares consistentes en pesadas «botellas» de madera o de piedra, o gravosos «pesos de balanza», o gruessas «monedas» de hierro se colgaban al cuello de borrachos y de mercaderes deshonestos respectivamente. A los cazadores furtivos se le ataban cadenas con los cadaveres de los animales cazados furtivamente, hasta la putrefacción y desprendimiento de los mismos — un castigo particularmente eficaz en verano. El collar «de renitente» se usaba en casos más ligeros, como no asistir a la misa dominical — una especie de reproche paternal, antes del arresto por apostasía, y de la tortura verdadera. Estos collares causaban, después de días y noches de aplicación de la pena, daños y tormentos no indiferentes.

30/31

NOISE-MAKER'S FIFES

ALL-IRON ONE PROB. VENETIAN, 1600-1700; WOODEN ONES: EUROPE GENERALLY, 1700-1800.

PROVENANCE: PRIV. COLL., ITALY
(THE IRON ONE EX FRIEDLAENDER-MANIN COLLECTION, VENICE).

The torture instruments made more or less in this form — trumpet-, trombone-, recorder- or oboe-shaped, of wood, brass or iron — probably originated in Holland, and are associated chiefly with the sixteenth and seventeenth centuries, even though representations in earlier and in later sources are known. The iron collar was locked behind the victim's neck, and his or her fingers, posed like those of a playing musician's under the notches in the long vise, were squeezed with a force varying, according to the executioner's pleasure, from bearable discomfort to pulping the flesh, bone and joints.

This was essentially a form of the pillory, of exposure to public ridicule, with all the customary painful and sometimes fatal consequences that marked the fate of all those treated in this manner. It was inflicted for relatively minor crimes and sins: litigiousness, cursing in the first degree, foul language, disturbing the peace, and so on — see also BRANKS OR SCOLD'S BRANKS (Nos. 66/71, p. 150), and THE STOCKS OR PILLORY (No. 26, p. 66). In Italy, according to references in Roman, Neapolitan, Parmesan and Bolognese archives, it was often meted out to those guilty of *baldòria e baccàno* — revelry and din — in front of the church during holy functions; the term "piffero del baccanàro", or "noise-maker's fife", appears in several eighteenth-century Bolognese documents. *

In the Venetian Republic, heavy iron fifes were used to punish those who had made anonymous denouncements of others to the Council of Ten out of "malice, ire or jealousy". [†]

---

* Federico Talasi, *La giustizia nell'Italia borbonica e pontificia*, Lugano, 1902, quoted in Georg Hasumeister, *Kanonisches und weltliches Strafrecht in den Mittelmeerländern*, Leipzig, 1924.

[†] W. Carew Hazlitt, *The Venetian Republic*, Vol. II, London, 1915.

30/31

LA FLAUTA DEL ALBOROTADOR

LA DE HIERRO PROB. VENECIANA, 1600-1700; OTRAS DE MADERA: EUROPA EN GENERAL, 1700-1800.

PROCEDENCIA: COL. PRIV., ITALIA.
(LA DE HIERRO EX COLECCION FRIEDLAENDER-MANIN, VENECIA).

Los instrumentos de tortura hechos más o menos con esta forma — trompeta, trombón, flauta dulce, oboe, etc., hechos de madera, bronce o hierro — probablemente son de origen holandés, y se asocian principalmente con los siglos XVII y XVIII, aunque se conocen representaciones de fuentes anteriores y posteriores. El collar de hierro se cerraba por detrás del cuello de la víctima, y sus dedos colocados como los de un músico bajo las muescas hechas a propósito en la mordaza, eran apretados a voluntad del verdugo pudiéndo éste producir desde el dolor soportable hasta el aplastamiento de carne, huesos y articulaciones.

Esta tortura era, sobre todo, una forma de la picota de exposición a la vergüenza pública, con todas las consecuencias habituales, dolorosas y a veces fatales que marcaban la suerte de los así expuestos. Se imponía para castigar delitos menores: conflictividad, blasfemia en primer grado, palabrería soez, alterar el orden etc. — ver también MÁSCARAS DE INFAMIA (pag. 150) y EL CEPO (pag. 66). En Italia, según referencias de archivos romanos, napolitanos, parmesanos y boloñeses, a menudo se aplicaba a los culpables de «baldòria e baccano» — juerga y alboroto — delante de la iglesia durante las misas; la expresión «piffero del baccanaro» — pífano del alborotador —, aparece en varios documentos boloñeses del siglo XVIII. *

En la Serenissima República Veneciana, se aplicaban flautas pesadas, del tipo de hierro, a quienes abusaban de la denuncia anónima contra otros, en il Consejo de los Diez, «empujados por malicia, enojo o envidia». [†]

---

* Federico Talasi, *La giustizia nell'Italia borbónica e pontificia*, Lugano, 1902, citado en Georg Hansmeister, *Kanonisches und weltliches Strafrecht in der Mitelmeerländern*, Leipzig, 1924.

[†] W. Carew Hazlitt, *The Venetian Republic*, tomo II, Londres, 1915.

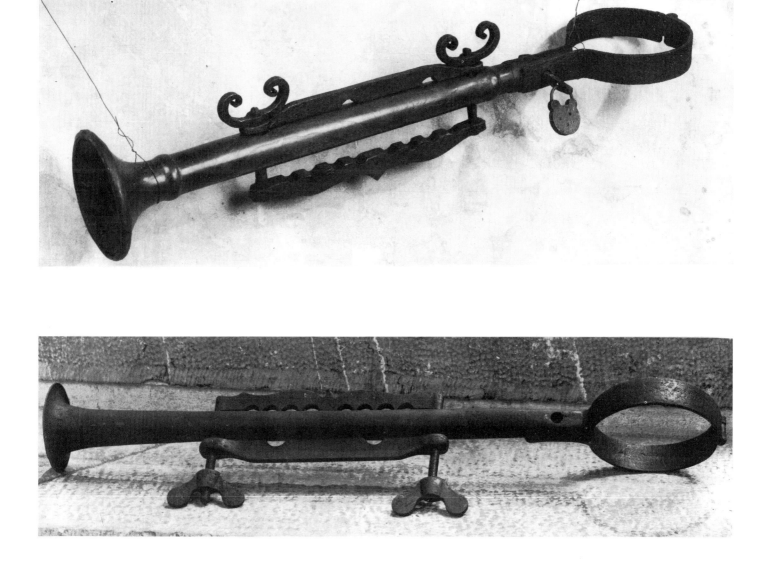

32/33/34
GAOLERS' POLE ARMS
EUROPE GENERALLY, 1600-1800.
IRON PARTS ORIGINAL, POLES MODERN.

PROVENANCE: PRIV. COLL., SPAIN.

These devices are distinguishable from military pole arms by the heads, which are not suitable for warring against armed and armoured enemies, but only for controlling crowds of naked or half-naked (and obviously unarmed) prisoners. Note the "neck-catcher", the large ring with the V-trap opening at the end of a two-metre (six-foot) pole. A prisoner, or anyone else seeking to evade a gaoler or constable by hiding in the crowd, is easily captured: once the V-trap has seized his neck he has no choice but to follow, very co-operatively, the promptings of his captor.

The neck-catcher is still used in hundreds of prisons today, and often is a part of the equipment of squads trained to suppress popular protest. Modern versions are sometimes electrified.

32/33/34
ARMAS DE CARCELEROS
EUROPA EN GENERAL, 1600-1800.
PARTES DE HIERRO ORIGINALES, ASTAS MODERNAS.

PROCEDENCIA: COL. PRIV., ESPAÑA.

Estos instrumentos se distinguen de las armas militares por las cabezas, que no son adecuadas para guerrear contra enemigos provistos de corazas y armados, sino para controlar turbas de prisioneros semi desnudos, evidentemente desarmados. Nótese el «agarracuellos», el aro con la abertura en forma de trampa a extremo de un asta de dos metros de longitud. Un preso, o cualquier fugitivo que intentara escapar de un alguacil escondiéndose entre la multitud, es fácilmente capturado: una vez que el cuello es aferrado por la trampa, no tiene otra posibilidad que seguir, sin chistar, a su captor.

El agarracuellos se usa todavía en centanares de cárceles, y muchas veces forma parte del equipo de las fuerzas antidisturbios. Las versiones modernas a veces están electrificadas.

35

THE HERETIC'S FORK
PROBABLY VENETIAN, 1500-1700
(LEATHER THONG RESTORED).

PROVENANCE: PRIV. COLL., ITALY
(EX FRIEDLAENDER-MANIN COLLECTION, VENICE).

35

LA «HORQUILLA DE HEREJE»
PROBABLEMENTE VENECIANA, 1500-1700
(COLLAR DE CUERO RESTAURADO).

PROCEDENCIA: COL. PRIV., ITALIA
(EX COLECCION FRIEDLAENDER-MANIN, VENECIA).

With the four sharp points rammed deep into the flesh under the chin and into the bone of the sternum, the fork prevented all movement of the head and allowed the victim only to murmur, in a barely audible voice, ''abiuro'' (''I recant'', engraved on one side of the fork). If instead he still refused, and if the Inquisition was the Spanish one, he was held to be an ''impenitent heretic'' and, dressed in the characteristic costume, was led to the stake, but with the consolation of the sacrament of extreme unction; if instead it was the Roman one, he was hanged or burnt, without the benefit of the pretty costume but still with that of proper Christian rites.

Con cuatro puntas afiladisimas que se clavaban profundamente en la carne bajo la barbilla y sobre el esternón, la horquilla impedía cualquier movimiento de la cabeza pero permitía que la víctima murmurase, con voz casi apagada, «abiuro» (palabra que se halla grabada en un lado de la horquilla). En cambio si este se obstinaba, y si la Inquisición era española, el hereje considerado «impenitente», se vestía con el traje característico y se le conducía a la hoguera, pero con la condición de la Extremaunción; si en cambio el inquisidor era romano, se le ahorcaba o quemaba, sin el beneficio del traje pero siempre con el rito cristiano.

FIGURE 58 *The Spanish quemadero, or slow roasting of heretics in brick kilns. Engraving by Arthur de Moraine, c. 1840.*

FIGURE 59 *Two heretics condemned by the Inquisition: the penitent on the left may get away with confiscation of property, exile,* forced labour or partial mutilation (cutting-off of a finger, an ear or the nose), while the one on the right, either impenitent or unable to refute accusations of gross heresy and apostasy, will go to the stake or to the quemadero. Engravings from Der hispanischen und römischen Inquisitionen Wirkung in den Nederlanden, *by Nilolaus Witzing, Leipzig, 1732.*

FIGURE 60 *The effects of the fire has burst open the belly of a pregnant witch being burnt in England on 18th July 1555. This event actually happened (as it must have happened thousands of times), save that the baby was expelled through the birth canal, not through a burst belly; it was tossed back into the flames as an* offspring of Satan). *Contemporary English woodcut from an unidentified source.*

FIGURE 61 *Heretics at an auto-da-fe in Seville. Detail of an unidentified Flemish painting, early 16th century.*

58

59

60

61

FIGURA 58 *EL quemadero español, horno de ladrillos en el que se abrasaban los herejes. Grabado de Arthur de moraine, 1840 aproóx.*

FIGURA 59 *Dos herejes condenados por la Inquisición: el penitente, a la izquierda, podría salir del trance con la confiscación de bienes, con el destierro, con* trabjos forzados o con la mutilación parcial (corte de un dedo, de una oreja, o de la nariz), mientras que el de la derecha, que es impenitente o incapaz de demostrar su inocencia en la acusa de herejía o apostasía, será condenado a la hoguera o al quemadero. Grabados de Der Spanischen und römischen Inquisitionen Wirkung in den Nederlanden, *de Nikolaus Witzinger, Leipzig, 1732.*

FIGURA 60 *Los efectos de las llamas han desgarrado el vientre de una bruja embarazada de nueve meses, quemada en Inglaterra el 18 de julio de 1555. Este hecho se verificó realmente (como sin duda se verificaría millares de veces), salvo que el niño nació por las vías normales y no salió por el vientre desgarrado; después fue arrojado a las llamas por ser fruto* de Satanás. *Xilografía inglesa contemporánea, de fuente no indentificada.*

FIGURA 61 *Herejes en un auto de fé en Sevilla. Detalle de un cuadro flamenco no idenficado, principios del siglo XVI.*

FIGURE 62 *The burning of twenty-three Jews convicted of the murder of Christian children for the Passover rites — a charge trumped up against Jewish communities all over Europe and always "proved" with the methods applied also to witchcraft and heresy trials. Woodcut by Gottfried Schedel, Augsburg, 1488.*

FIGURE 63 *The burning of several heretics in Schwarzenburg, Switzerland; drawing from the Spiezer Chronik of Daniel Schilling, 1485, in the city library, Bern.*

FIGURES 64/65 *Two more scenes from Johann Coppenburg's Le miroir del la tyrannie espagnole perpêtrée aux Indes Occidentales: Spaniards bringing Christianity to the Indians (cfr. Fig. 39).*

64

62

63

65

FIGURA 62 *Hoguera de veinte y tres hebreos condenados por el «asesinato de niños cristianos para los ritos de Pascua», acusación ésta organizada contra las comunidades hebreas en toda Europa y siempre «comprobada» con los mismos métodos usados en los procesos por brujería y herejía. Xilografía de* **Gottfried Schedel**, *Augsburg, 1488.*

FIGURA 63 *La hoguera de algunos herejes en Schwarzenburg, Suiza; dibujo de la* Spiezer Chronik *de Daniel Schilling, 1485, en la Biblioteca Municipal de Berna.*

FIGURAS 64-65 *Otras dos escenas de Coppenburg,* Le miroir de la tyrannie espagnole perpêtrée aux Indes Occidentales: *los españoles enseñan el cristianismo a los indios (ver también Fig. 39).*

36

AN IRON GAG
or MUTE'S BRIDLE
REPRODUCTION OF A 16th-CENTURY ORIGINAL,
MADE IN 1857 FOR AN EXHIBITION OF CIVIC HISTORY
IN BAMBERG, GERMANY.

PROVENANCE: PRIV. COLL., GERMAN FED. REP.

36

LA MORDAZA
o EL BABERO DE HIERRO
REPRODUCCIÓN DE UN ORIGINAL DEL SIGLO XVI, HE-
CHO EN 1857 PARA UNA EXPOSICIÓN DE HISTORIA
CIUDADANA EN BAMBERG (ALEMANIA).

PROCEDENCIA: COL. PRIV., ALEMANIA (R.F.A.).

This device stifles screams, so as not to disturb the conversation of torturers. The iron "box" on the inside of the ring is forced into the victim's mouth and the collar fastened behind his neck. A small hole allows the passage of air, but this can be stopped up by a touch of the executioner's fingertip and produce suffocation. Often those condemned to the stake were thus gagged, especially during the "acts of faith" (auto da fe) — as the grandiose public festivities in which dozens of heretics were burnt at a time were called — because the screams would have interfered with the sacred music. Giordano Bruno, guilty of being one of the most luminous intelligences of his time, was burnt in Rome in Piazza del Campo dei Fiori in 1600 with an iron gag in his mouth, so constructed that one long spike pierced his tongue and the floor of his mouth and came out underneath his chin, while another penetrated up through his palate.

The border zone between the varieties of silencing gags and the various types of iron branks is nebulous. Gags, with and without refinements like the spikes inflicted on Giordano Bruno, in forms more or less similar to the example shown here, served also specifically for the suppression of women — see BRANKS, OR SCOLD'S BRIDLES (Nos. 66/71, p. 150).

Este artilugio sofocaba los gritos de los condenados, para que no estorbaran la conversación de los verdugos. La «caja» de hierro del interior del aro es embutida en la boca de la víctima y el collar asegurado en la nuca. Un agujero permite el paso del aire, pero el verdugo lo puede tapar con la punta del dedo y provocar asfixia. A menudo los condenados a la hoguera eran amordazados de esta manera, sobre todo durante los autos de fé — tal como se llamaban esos grandes espectáculos públicos en los que decenas de herejes eran quemados a la vez — porque los gritos hubieran interferido con la música sacra. Giordano Bruno, culpable de ser una de las inteligencias más luminosas de su tiempo, fué quemado en la plaza del Campo dei Fiori en Roma en 1600 con una mordaza de hierro provista de dos largas púas, una de las cuales perforaba la lengua y salía por debajo de la barbilla, mientras la otra perforaba el paladar.

La separación entre las variedades de mordaza y los diversos tipos de mácaras de infamia está poco definida. Mordazas con o sin aditamentos, como la aplicada a Giordano Bruno, en forma más o menos parecida a la que aquí se muestra, servían también específicamente para la represión de la mujer (ver MÁSCARAS INFAMANTES (p. 150).

37/38

THE INTERROGATION CHAIR
RECOMPOSITION OF FRAGMENTS OF A 17th-CENTURY ORIGINAL; ABOUT SIXTY PER CENT RESTORED IN FLORENCE IN 1982.

PROVENANCE: FROM A CASTLE IN EMILIA; SINCE 1978 IN A PRIV. COLL, ITALY.

37/38

LA SILLA DE INTERROGATORIO
RECOMPOSICIÓN DE FRAGMENTOS DE DOS ORIGINALES DEL SIGLO XVII; ALREDEDOR DE UN SESANTA POR CIENTO RESTAURADO EN 1982 EN FLORENCIA.

PROCEDENCIA: DE UN CASTILLO EN EMILIA; DESDE 1978 EN UNA COL. PRIV., ITALIA.

These are implements basic to the art of the inquisitor. Today updated versions are used, improved by electricity. The effect of the spikes — even non-electrified ones — on the victim, who is always naked, is obvious and requires no comment. He or she suffers atrociously from the first instant of the questioning, a procedure that can be heightened by rocking him or hitting his limbs.

As we see in the engraving (French, nineteenth century, and not a little ridiculous for the loin-cloth that protects the viewer's modesty), the seat was often made of iron and could be heated by a brazier or torch. Today this is accomplished by electricity.

Se trata de utensilios básicos para el arte del inquisidor. Hoy en día se usan versiones actualizadas, mejoradas por medio de la electricidad. El efecto de los pinchos, aunque no estén electrificados, sobre la víctima, que siempre está desnuda, es obvio y no requiere comentario. Esta sufre atrozmente desde el primer instante del interrogatorio, que puede ser más intenso si se aplican sacudidas o golpes en brazos y piernas.

Tal como podemos ver en la figura (Francesa, siglo XIX, nótese cuan ridículo resulta el trapo que salvaguarda el pudor del espectador), el asiento era, muchas veces, de hierro, de manera que se podía calentar con un brasero o una antorcha. Hoy esta función la realiza la electricidad.

FIGURES 67/74 *Eight of the 112 engravings by Jan Luyken of Amsterdam (1649—1712) that comprise* Het podium der martelaren *(The Stage of Martyrs), Amsterdam, about 1700. The scenes selected here show the burning of witches and heretics by the Roman and Spanish Inquisitions (see p. 20).*

In Nos. 67 and 68 a group of witches and warlocks, but mainly the prior, are led to their fate.

. No. 69 shows the execution of Jan Hus in Constance in 1414.

In No. 70 a covey of witches is burnt without being chained to stakes. The hair has already been singed off, or perhaps shaved by way of humiliation.

67

69

68

70

FIGURAS 67-74 *Ocho de los 112 grabados de Jan Luyken de Amsterdam (1649-1712) que constituyen* Het podium der martelaaren *(El escenario de los mártires), Amsterdam, 1700 apróx. Las escenas elegidas representan la ejecución de brujas y de herejes por obra de la Inquisición, tanto de la romana como de la española (v. p. 20).*

En los nos. 67 y 68, un grupo de brujos y brujas, pero sobre todo mujeres, que es conducido al suplicio.

El n. 69 representa la ejecución de Jan Hus en Constanza, en 1414.

En el n. 70 un antro de brujas es quemado sin que estas hubieran sido encadenadas a los palos. Sus cabelleras han sido ya quemadas, o quizás habían sido cortadas en señal de humillación.

No. 71: *The system of the tipped-over ladder was favoured in the north of Germany and in the Scandinavian countries.*

No. 72: *End of the show.*

No. 73: *While the victim is being slowly suffocated by the smoke of the straw, the explosion of a sack of gunpowder tied around his neck rips open his breast.*

No. 74: *The victim in the background seems to be still alive, notwithstanding the loss of much flesh to the slow fire.*

71

73

72

74

N. 71: *El sistema de la escalera volcada era usado en el norte de Alemania y en los Países escandinavos.*

N. 72: *Fin del espectáculo.*

N. 73: *Mientras que la víctima se ahoga lentamente en el humo de la paja, la explosión de una bolsa de pólvora, atada a su pecho, le desgarra el tórax.*

N. 74: *La víctima en segundo plano parece aún viva, a pesar de que su carne esté carbonizada a causa de las llamas lentas.*

FIGURE 75 *A torture chamber. Note the iron furnace in the shape of a bull, the rack with the added water torture, and the pendulum. Woodcut attributed to Hans Weiditz, Augsburg, about 1530.*

FIGURE 76/77 *The roasting of human beings in an over-life-size bronze statue of a bull is an invention attributed to Phalaris, tyrant Acragas (modern Agrigento), Sicily, who died in 554 b.C.. The shrieks and moans of the victims issued from the figure's mouth and made it seem to bellow. There appears, however, to be no proof for this; on the contrary, Phalaris was described by near-contemporaries as a cultivated and humane ruler. A "bull of Phalaris" was a fixture in quite a few torture chambers of 1500-1700 (cfr. Fig. 75, below, left). Fig. 76 is an anonymous French 17th century engraving; Fig. 77 is a detail of an engraving by Peter Woeiriot, about 1575, reproduced in Villeneuve (see p. 157).*

FIGURA 75 *Sala de tortura. Nótese la caldera de hierro en forma de buey, el potro con el suplicio del agua, y el péndulo. Xilografía atribuída a Hans Weiditz, Augsubrg, hacia 1530.*

FIGURAS 76-77 *Quemar a seres humanos dentro de la efigie de un toro de bronce es una inveción atribuída a Falaris (Phalaris), tirano de Agrakas (la actual Agrigento, en Sicilia), que murió en el año 554 a. de C. Los alaridos y los gritos de las víctimas salían por la boca del toro y parecía que la figura mugía. De todas formas no existen pruebas, al contrario, Falaris fue considerado por escritores casi contemporáneos un gobernante culto y justo. El «toro de Falaris» estaba presente en numerose salas de tortura del 1500-1700 (v. Fig. 75, arriba a la izquierda). Fig. 76, es un grabado francés anónimo del siglo XVII; Fig. 77, detalle de un grabado de Peter Woeiriot, 1575 apróx., reproducido en Villeneuve (v. p. 157).*

FIGURES 78/79 *Two more engravings by Jan Luyken of Amsterdam (see Figs. 67-74, pp. 86-87): drowning religious dissenters in barrels and in ponds.*

FIGURE 80 *Drowning. Victims were drowned in rivers, lakes and village ponds, in butts and barrels, and even in bowls and saucepans. Sometimes he or she was tied up inside a sack together with a dozen cats. German woodcut from an unknown source, early 1500's.*

FIGURE 81 *Turkish horrors. Woodcut from the volume* Beider Antichristi Lehr, Glauben und Religion *(Doctrines, Beliefs and Religion of both Antichrists), by Andreas Musculus, Frankfurt on the Oder, 1557.*

78

79

80

81

FIGURA 80 *El ahogamiento. Se ahogaba a los condenados en ríos, lagos y estanques, en toneles y barriles e incluso en ollas y cazuelas. A veces la víctima al mismo tiempo era ancerrada en un saco junto a una docena de gatos. Xilografía alemana, principios del siglo XVI; procedencia desconoscida.*

FIGURAS 78-79 *Otros grabados de Jan Luyken de Amsterdam (v. Fig. 67-74, págs. 86-87): el ahogamiento de disidentes religiosos en barriles y en estanques.*

FIGURA 81 *Horrores turcos. Xilografía de la obra* Beider Antichrist Lehr, Glauben und Religion *(Religión, creencias y doctrinas de ambos anticristos), de Andreas Musculus, Frankfurt en Oder, 1557.*

39

THE RACK
ITALIAN (EMILIAN?), 1500-1700.

PROVENANCE: PRIV. COLL., ITALY. RECOMPOSITION OF FRAGMENTS OF A RACK FOUND IN AN EMILIAN CASTLE IN ABOUT 1950, RESTORED IN 1981. THE RECONSTRUCTION CONSISTS OF ABOUT THIRTY PER CENT ORIGINAL ELEMENTS AND OF SEVENTY PER CENT STYLISTICALLY CORRECT MODERN ADDITIONS.

Stretching, or dismembering, by a force of longitudinal tension was in use in ancient Egypt and Babylonia; in Europe, THE PENDULUM (No. 42) and the rack constituted fundamental pieces of equipment in every dungeon from the Roman republic to the disappearance of torture toward the late seventeen-hundreds. In many extra-European countries both flourish to this day.

The victim is literally "prolonged" by force of the winch, and various old sources testify to cases of thirty centimetres or twelve inches, an inconceivable length* that comes of the dislocation and extrusion of every joint in the arms and legs, of the dismemberment of the spinal column, and of course of the ripping and detachment of the muscles of limbs, thorax and abdomen — effects that are, needless to say, fatal. But long before the victim is brought to the final undoing, he or she, even in the initial phases of the enquiry (in the "Question of the first degree"), suffers dislocation of the shoulders because his arms are pulled up behind his back (as in THE PENDULUM [No. 42] and THE LADDER RACK [No. 43]), as well as the agony of muscles ripping like any fibre subjected to excessive stress. In the Question of the second degree the knee, hip and elbow joints begin to be forced out of their sockets; with the third degree they separate, very audibly. After only the second degree the interrogatee is maimed for life; after the third he is dismembered and paralysed, and gradually, over hours and days, the life functions cease one by one.

The present example is furnished with spiked rollers, a refinement that is more an exception than the rule.

---

* But see Heribert Daney, "Plusieurs temoignages sur la torture en France aux temps de Marie de Medicis", in *La revue gauloise*, Nr. 18, Lyons, 1889; quoted in Felix Wrancke, *Der Freispruch als Strafurteil*, Leipzig, 1911.

39

EL POTRO
ITALIANO (¿EMILIANO?), 1500-1700.

PROCEDENCIA: COL. PRIV., ITALIA. RECOMPOSICIÓN DE FRAGMENTOS DE UN POTRO ENCONTRADO EN UN CASTILLO EMILIANO HACIA 1950, RESTAURADO EN 1981. LA RECONSTRUCCIÓN CONSISTE EN APROXIMADAMENTE EL 30% DE ELEMENTOS ORIGINALES Y EL 70% DE ADICIONES ESTILÍSTICAMENTE CORRECTAS.

El estiramiento o desmembramiento por medio de tensión longitudinal se usó en el antiguo Egipto y Babilonia; en Europa «el péndulo» (n. 42, p. 94) y el potro constituían elementos fundamentales en cualquier mazmorra desde la República Romana hasta la desaparición de la tortura hacia el final del siglo XVIII. En muchos países extraeuropeos ambos subsisten hoy en día.

La víctima es literalmente prolongada por la fuerza del cabestrante, y antiguos testimonios hablan de casos de 30 cm., una longitud inconcebible* que procede de la dislocación y extrusión de cada articulación de brazos y piernas, del desmembramiento de la columna vertebral, y por supuesto del desgarro de los músculos de extremidades, tórax y abdomen, efectos éstos por descontado letales. Pero mucho antes del abatimiento final de la víctima, ésta incluso en las fases iniciales del interrogatorio (en la «cuestión del 1er grado»), sufre la dislocación de los hombros a causa del estiramiento de los brazos hacia atrás y hacia arriba (como en el péndulo (n. 42, p. 94) y en el potro en escalera (n. 43, p. 96) así como el intenso dolor de los músculos desgarrándose, tal como cualquier fibra sometida a tensión excesiva. En la cuestión de segundo grado la rodilla, la cadera y el codo comienzan a descoyuntarse; con el 3er grado se separan ruidosamente. Ya con el segundo grado el interrogado queda inválido de por vida; después del tercero queda paralizado y desmembrado poco a poco, después de horas y días van cesando las funciones vitales.

El ejemplo que se muestra está provisto de rodillos con pinchos, un refinamiento que es más una excepción que la regla.

---

* Heribert Daney, «Plusieurs temoignages sur la torture en France aux temps de Marie de Medicis», en *La revue gauloise*, Nr. 18, Lyon, 1889; citado en Felix Wrancke, *Der Freispruch als Strafurteil*, Leipzig, 1911.

40/41

THE THUMBSCREWS

SPECIMEN WITH THREE CROSSBARS: VENETIAN, PROBABLY 16th CENTURY; CROSSBARS AND KEY BRONZE, POSTS AND SCREW IRON.
PROVENANCE: PRIV. COLL., ITALY.

SPECIMEN WITH TWO BARS: AUSTRIAN, BETWEEN 1769 AND 1776; ALL IRON, INCLUDING THE DETACHABLE WRENCH.
PROVENANCE: PRIV. COLL., AUSTRIA.

Simple and very efficient, the crushing of the knuckles, phalanges and nails of fingers and toes is among the oldest of tortures. The returns in terms of agony inflicted in ratio to effort invested and time lost are, from the tortures's point of view, highly satisfactory, particularly where complex and costly equipment is wanting.

The Venetian instrument with three crossbars can accommodate two thumbs and four fingers, but it is a crude affair compared to the Austrian device that accompanies it in this collection.

A work of art within its species, this latter is made to very high technical standards, and conforms in all details to the specifications prescribed by the *Constitutio Criminalis Theresiana*, the anachronistic code for inquisitorial procedures and tortures promulgated by the empress Maria Theresia and published in Vienna in 1769, a time when torture had been abolished for decades in England, Prussia, Tuscany and several minor principalities (in Tuscany the death penalty, too, had been done away with, for the first time in European history). This manual required all the courts of the Austrian crown to subject everyone accused of any misdeed, and unwilling to confess freely, to the *peinliche Fragen*, the "painful questions" — that is, the extortion of confessions by means of a graduated series of torments that were described and illustrated with precision and scientific rationalism, down to the finest details, including the thicknesses of cords, the number of knots in a fetter, the lengths of nails and screws, the degrees of permanent mutilation permissible for various degrees of accusations. The engravings herewith, as well as those of THE PENDULUM (No. 42) and THE LADDER RACK (No. 43), come from the series of forty-two plates that illustrate this work. Note the lines of force that connect the fifteen points and cross over the fingernails.

40/41

EL APLASTAPULGARES

EJEMPLAR CON TRES BARRAS: VENECIANO, PROBABLEMENTE SIGLO XVI; BARRAS Y LLAVE DE BRONCE, PASADORES Y TORNILLO DE HIERRO.
PROCEDENCIA: COLECCIÓN PRIVADA, ITALIA.

EJEMPLAR CON DOS BARRAS: AUSTRÍACO, 1769-76; TODO DE HIERRO INCLUÍDA LA LLAVE DESMONTABLE.
PROCEDENCIA: COL. PRIV., AUSTRIA.

Simple y muy eficaz, el aplastamiento de los nudillos, falanges y uñas es una de las torturas más antiguas. Los resultados, en términos de dolor infligido con relación al esfuerzo realizado y al tiempo consumido son altamente satisfactorios, desde el punto de vista del torturador, sobre todo cuando se carece de instrumentos complicados y costosos.

En el aparato veneciano con tres barras horizontales pueden introducirse dos pulgares y cuatro dedos, pero es tosco comparado con el instrumento austriaco que lo acompaña en esta páginas.

Una obra de arte en su género, este último está realizado según exigentes criterios técnicos y se corresponde en todos los detalles con las normas especificadas en la «Constitutio Criminalis Theresiana», el anacrónico códice promulgado por la emperatriz Mª Teresa para procedimientos y torturas inquisitoriales publicado en Viena en 1769, época en la cual la tortura había sido abolida hacia décadas en Inglaterra, Prusia, Toscana y algunos principados menores (en Toscana se había abolido incluso la pena de muerte por primera vez en Europa). Esta normativa imponía a todos los jueces de la corona austriaca el someter a cualquier acusado que no quisiera confesar por propia voluntad a las «peinliche Fragen», las «preguntas dolorosas», es decir extraer una confesión mediante una serie de torturas que eran descritas e ilustradas con precisión racionalismo científico, hasta los mínimos detilles, incluidos el grosor de cuerdas, el número de eslabones de las cadenas, la longitud de clavos y tornillos, los grados de mutilación permanente permitidos para diferentes grados de acusaciones. Los grabados adjuntos así como los del PÉNDULO (n. 42) y la ESCALERA DE ESTIRAMIENTO (n. 43) proceden de una serie de cuarenta y dos láminas que ilustraban esta obra. Notense las líneas de fuerza que unen los quince puntos y se cruzan sobre las uñas.

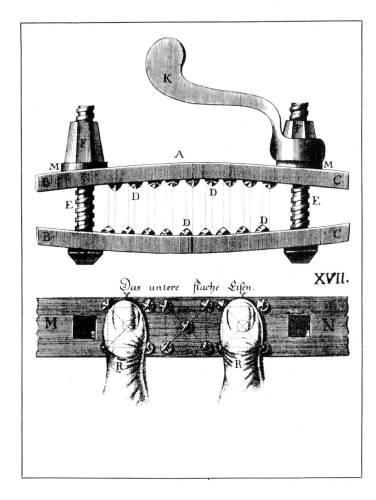

Das untere flache Eisen.

XVII.

14
THE ''PENDULUM''

A fundamental torture, one that is often just a preparation of the victim for more effective infliction of still more tortures, is the dislocation of the victim's shoulders by tying his wrists behind his back and pulling the arms up over his head. The bench rack and the ladder rack, as well as other devices, share this first approach. The most common variety is the ''pendulum''. No complex equipment is needed. The victim's wrists are tied behind his back, a rope is attached to the wrist restraints and the sufferer is hoisted up high. At once each humerus is pried out of its joint with the scapula and clavicle, an injury that results in horrendous and permanent deformations of the breast and back. The agony can be heightened by means of weights progressively attached to the feet, until at last the skeleton is pulled apart as it is by the bench and ladder racks. The victim is finally paralysed, and dies.

The present mechanism — frame, winch and four-spoke levers (or wheel) — comes from a Tuscan agricultural estate, where it had been used since the early eighteen-hundreds up until about 1960 for hoisting loads. Insomuch as this equipment so extraordinarily resembles that shown in the engravings of the empress Maria Theresia's Code of inquisitional procedures of 1769, it was reassembled for this exhibition as a valid specimen of the torture system under discussion.

See also THE RACK and THE LADDER RACK (resp. Nos. 39 and 43), and, for a word or two about the empress' Code, the THUMBSCREWS (Nos. 40/41).

42
EL «PENDULO»

Una tortura fundamental, que a veces constituye sólo una preparación de la victima para ulteriores tormentos, es la dislocación de los hombros de la víctima mediante la rotación violenta de los brazos hacia atrás y hacia arriba. El potro y el potro en escalera, así como otros aparatos, tienen en común este primer paso. La variedad más común es el péndulo, suplicio barato y eficiente. No se necesitan equipos complicados. Las muñecas de la víctima se atan por detrás de la espalda, se añade una cuerda a esta ligadura procediéndose a izar al acusado. Inmediatamente, los húmeros se desarticulan junto con la escápula y la clavícula, tal dislocación produce horribles deformaciones a menudo permanentes. La agonía se puede estimular mediante pesas agregadas progresivamente a los pies, hasta que al final el esqueleto se desmembra tal como en el potro y en la escalera. Al final la víctima, paralizada, muere.

El mecanismo aquí presente — soporte, cabestrante y manivela de cuatro radios (o rueda) — proviene de una finca agrícola toscana, donde había sido usada desde principios del siglo XIX hasta alrededor de 1960 para levantar pesos. En tanto que extraordinariamente semejante al que figura en los grabados del códice inquisitorial de la emperatriz Mª Teresa de 1769 este artilugio se expone como muestra válida del tormento en cuestión.

Ver también EN POTRO (n. 39, p. 90) y EL POTRO EN ESCALERA (n. 43, p. 96), y por lo que respecta al código de la emperatriz, LOS APLASTAPULGARES (n. 40/41, p. 92).

FIGURE 84 *A plate from the*
Constitutio *of Maria Theresia,*
1769 — see also pp. 93 and 97-99.

FIGURA 84 *Una lámina de la*
Constitutio *de Maria Teresa,*
1769 — ver también las págs. 93 y
97-99.

43
THE LADDER RACK
A MODERN RECONSTRUCTION, MADE FOR THIS EXHIBITION.

43
EL POTRO EN ESCALERA
RECONSTRUCCIÓN MODERNA, HECHA PARA ESTA EXPOSICIÓN.

The *Constitutio Crimalis Theresiana* of 1769 — about which more in the note on THUMBSCREWS (Nos. 40/41) — prescribes stretching on an inclined ladder, in the manner shown in the engravings. Note the dislocation of the shoulders (see also THE PENDULUM [No. 42] and THE RACK [No. 39]), and the scorching of the flanks and the armpits with a torch composed of seven — not eight, nor six — wax tapers, cut to the exact official length, not an inch more or less. If the victim, by then paralysed, with his shoulders destroyed, and moribund from the infections following the third-degree burns, had nevertheless held out and still not confessed, the court was obliged — as in all such cases, whatever the torture — to recognise his or her innocence.

La Constitutio Criminalis Theresiana de 1769 — de la cual se da más información en EL APLASTAPULGARES (n. 40/41) prescribe el estiramiento en una escalera inclinada, en la forma mostrada en los grabados. Nótese la dislocación de los hombros (ver también EL PÉNDULO, n. 42, p. 94, y EL POTRO, n. 39, p. 90), y el abrasamiento de los costados y las axilas mediante una antorcha compuesta de siete bujías — no ocho, ni seis —, cortadas a la medida oficial exacta, ni una pulgada más ni una menos. Si la víctima, ya paralizada, con los hombros destrozados, y moribunda a causa de las infecciones producidas por las quemaduras, no obstante seguía sin confesar, el tribunal estaba obligado, como siempre se hacía en un caso semejante, cualquiera que fuese el método de tortura, a reconocer su inocenia.

FIGURES 86/88 *The stages of the ladder torture which precede the stage shown in Fig. 85. When the executioner "G" pushes the two heels forward, the victim will plummet downward so that his shoulders will be immediately and violently wrenched out of their sockets.*

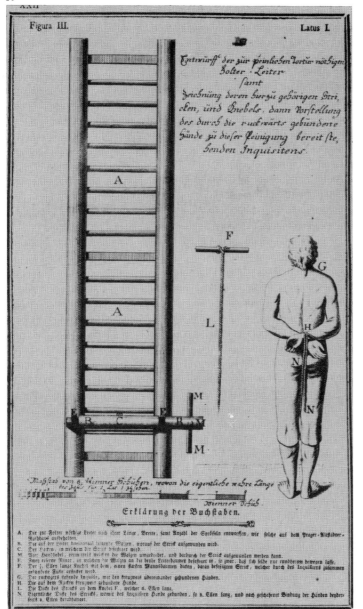

87

FIGURAS 86/88 *Las fases del suplicio de la escalera que preceden a la fase ilustrada en la Fig. 85. Cuando el verdugo «G» empuja los pies de la víctima hacia adelante ésta cae, con lo cual los hombros se dislocan violentamente.*

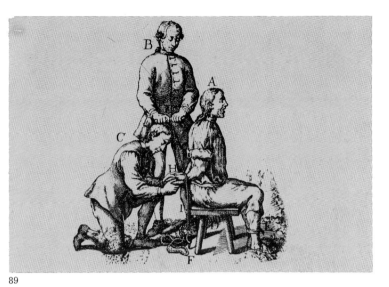

89

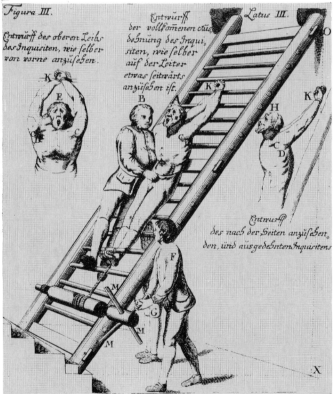

90

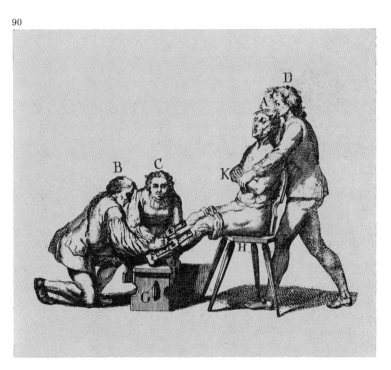

FIGURAS 89/90 *Otros particulares de la* Constitutio: *arriba, la preparación para la escalera, y, debajo, el aplastamiento de las espinillas con las «botas españolas», por medio de tornillos.*

99

FIGURES 91/98 *Eight of the eighteen etchings by Jacques Callot that comprise the cycle* Les Miseres et les Mal-heurs de la guerre, *published in Paris in 1633, when this most estimable master of engraving was thirty-nine (he died two years later).* Les Miseres *represent the artist's masterpiece,* *as well as a summit in the art of engraving that remains in many ways unparallelled. The present reproductions, in part densed up by the processes they have had to undergo, in part thinned out and relieved of shading, can give only a very imperfect impression of the mastery of the originals.*

LES MISERES ET LES MAL-HEVRS DE LA GVERRE. Representez Par IACQVES CALLOT. Noble Lorrain. ET mis en lumiere Par ISRAEL son amy. A PARIS 1633 Auec Priuilege du Roy

Israel ex. Cum Priuil. Reg.

Voyla les beaux exploits de ces cœurs inhumains
Ils rauagent par tout rien n'echappe à leur mains
L'vn pour auoir de l'or, iauente des supplices,
L'autre à mil forfaicts anime ses complices;
Et tous d'vn mesme accord commettent mechamment
Le vol, le rapt, le meurtre, et le violement. 5

FIGURAS 91/98 *Ocho de los dieciocho aguafuertes de Jacques Callot que constituyen el ciclo* Les Misères et les Malheurs de la guerre, *publicado en París en 1633, año en que este insigne maestro del grabado tiene treinta y nueve años (morirá dos años después).* Les misères *constituyen la obra maestra del artista y* *también un hito, en muchos aspectos inigualable, en el arte de la incisión. Las reproducciones que se muestran, oscurecidas en parte por los procesos que han sufrido, en parte disminuídas y mermadas, sólo pueden dar una muy pobre impresión de la maestría de los originales.*

In Panel No. 5, here below, a house has fallen into the hands of marauding soldiery. Rape, murder, torture and robbery reign uncontrolled and uncontrollable; in the end the house will be set on fire and cremate its dead. Panel No. 7 requires no comment. In No. 10, the wretch hauled up on high will be the target for the musketeers standing around in two semicricles. Note also the punishment of the "horse", on the left, a procedure that damages and often mutilates the anus and the testicles, besides cutting cruelly into the crotch and thigh.

Ceux que Mars entretient de ses actes meschans
Accommodent ainsi les pauures gens des champs

Ils les font prisonniers ils bruslent leurs villages,
Et sur le bestail mesme exercent des rauages,

Sans que la peur des Loix non plus que le deuoir
Ny les pleurs et les cris les puissent esmouuoir . 7

Ce n'est pas sans raison que les grands Cappitaines
Comm: bien aduisez, ont inuenté ces peines

Contre les faineants, et les Blasphemateurs
Traistres a leur deuoir, querelleux, et menteurs

De qui les actions par le vice aueuglées
Rendent celles d'autruy laches et desreglees 10

En la lámina n. 5, abajo, una casa ha caído en manos de la soldadesca. Violación, asesinato, tortura, rapiña son incontrolados e incontrolables; finalmente la casa será incendiada y quemará sus muertos. En la lámina n. 7 no se requieren comentarios. En la n. 10, el desventurado izado en alto, además de sufrir el suplicio del péndulo, servirá de blanco a los mosqueteros dispuestos en dos semicírculos. Vease también el castigo del «caballo», a la izquierda, el cual daña y a menudo mutila el escroto y los testículos, además de lacerar nalgas y muslos.

Panels Nos. 11 and 12 have no
need of elucidation. Note the
presence, as also in No. 10, of the
next victim about to be taken to
the dock (foreground, right).

A la fin ces Voleurs infames et perdus ,　　Monstrent bien que le crime (horrible et noire engeance)　　Et que cest le Destin des hommes vicieux
Comme fruits malheureux a cet arbre pendus　　Est luy mesme instrument de honte et de vengeance ,　　Desprouuer tost ou tard la iustice des Cieux .　11

Ceux qui pour obeir a leur mauuais Genie　　Ne se plaisent qu'au mal violent la raison ;　　Produisent dans le Camp mil sanglans vacarmes
Manquent a leur deuoir, vsent de tyrannie ,　　Et dont , les actions pleines de trahison　　Sont aussi chastiez et passez par les armes　12

Tampoco lás laminas ns. 11 y 12
necesitan explicación. Nótese la
presencia, como en el precedente
número 10, de la próxima víctima
que va a ser conducida al patíbulo
(en primer plano, a la derecha).

In No. 13 the next-to-die enters again from the right but is much farther away. In No. 14 we find him up in the foreground again, but on the left. At the centre we see the French and Italian version of breaking on a wheel, not on the ground, and not with a wheel but with a massive iron bar.

Ces ennemis du Ciel qui pechent mil fois
Contre les saincts Decrets et les diuines Loix

Font gloire mechamment de piller et dábattre
Les Temples du vray Dieu d'vne main idolatre ;

Mais pour punition de les auoir brulez,
Ils sont eux mesmes enfin aux flammes immolez

13

L'œil tousiours surueillant de la diuine Astrée
Bannit entierement le dueil d'vne contrée,

Lors que tenant l'Espeé, et la Balance en main
Elle iuge et punit le voleur inhumain,

Qui guette les passans, les meurtrit, et s'en iouë,
Puis luy mesme deuient le iouet d'vne rouë

14

En el n. 13 el próximo a morir entra por la derecha, pero está más lejano. En el n. 14 lo volvemos a encontrar en primer plano, pero a la izquierda. En el centro se representa al método francés e italiano de despedazar sobre, no con, le rueda, pero por medio de barras de hierro macizas.

44

HATCHET FOR CUTTING OFF HANDS AND FEET
VENETIAN, 18TH CENTURY.

PROVENANCE: PRIV. COLL., FLORENCE
(EX FRIEDLAENDER-MANIN COLLECTION, VENICE).

44

HACHA PARA LA AMPUTACION DE MANOS Y PIES
VENECIANA, SIGLO XVII.

PROCEDENCIA: COL. PRIV., FLORENCIA.
(EX COLECCION FRIEDLAENDER-MANIN, VENECIA).

Cutting off a thief's hand is still widely done in various Islamic countries. In Europe it was a normal procedure until the end of the eighteenth century. Fortunate thief who had to suffer but the hatchet! — many had their hands hammered to pulp on an anvil or on an iron wedge (see Fig. 110, p. 129).

Cortar la mano al ladrón se usa incluso actualmente en diversos países islámicos. En Europa era un procedimiento cotidiano hasta finales del s. XVIII ¡Afortunado el ladrón que debía sufrir solo la amputación! — otro método en uso era machacar la mano sobre un yunque o sobre una cuña de hierro, deshaciendola completamente (ver Fig. 110, p. 129).

FIGURE 99 *Detail of Figure 107.*

FIGURA 99 *Detalle de la figura 107.*

105

45

A "CAT'S PAW"
(also "SPANISH TICKLER")
EUROPEAN, 1600-1800.

PROVENANCE: PRIV. COLL., NUREMBERG.

45

«GARRAS DE GATO»
(también «COSQUILLEADOR ESPAÑOL»)
EUROPA, 1600-1800.

PROCEDENCIA: COL. PRIV., NUREMBERG.

About as large as four fingers of a man's hand, these devices, usually attached to a short handle, served to rip the victim's flesh to shreds and to strip it off the bones, in any part: face, abdomen, back, limbs, breasts.

Grandes casi como cuatro dedos de hombre, estos artefactos, montados encima de un mango, se usaban para reducir a tiras la carne de la víctima y extraerla de los huesos, en cualquier parte del cuerpo: cara, abdomen, espalda, extremidades, senos.

FIGURE 100 *Detail of an illustration in Agustin Calmet,* Dictionnarire historique, critique, chronologique, geographique et literal de la Bible, *Paris, 1728.*

FIGURA 100 *Detalle de una ilustración de Augustin Calmet,* Dictionnaire historique, critique, chronoligique, geographique et literal de la Bible, *París 1728.*

46

"KNEE-SPLITTER"
EUROPEAN, 1600-1800.

PROVENANCE: PRIV. COLL., TRIESTE, ITALY
(EX FRIEDLAENDER-MANIN COLLECTION, VENICE).

46

«QUEBRANTA RODILLA»
EUROPA, 1600-1800.

PROCEDENCIA: COL. PRIV., TRIESTE, ITALIA.
(EX COLECCION FRIEDLANDER-MANIN, VENECIA).

Used for the perforation and laceration of arms or legs, and often applied to knees or elbows, joints which the spikes can permanently destroy.

Usado para lacerar los brazos y las piernas y a menudo aplicado a la rodilla y al codo, articulaciones que los pinchos pueden destruir para siempre.

FIGURES 101/103 *Three of the 107 pages of Samuel Clarke's* Martyrology, *London, 1651. The scenes show the fate of many supporters of Parliament and of Oliver Cromwell — the "Roundheads" — fallen into the hands of their adversaries, the* royalist "Cavaliers".

Although the things shown here no doubt happened, an equal number of royalist families suffered identical fates at the hands of Roundheads. Events like this, and others far worse still, happened regularly every time a city, a

FIGURAS 101/103 *Tres de las ciento siete páginas de la obra* Martyrology, *de Samuel Clarke, Londres, 1651. Las viñetas representan la suerte de muchos seguidores de la causa del Parlamento y de Olivier Cromwell — los «Roundheads» (es decir* «cabezas redondas», *porque llevaban el pelo corto) — caídos en las manos de sus adversarios, los realistas «Cavaliers».*

Aunque lo que aquí se muestra sin duda ocurrió, otros tantos partidarios del Rey sufrieron idéntica suerte. Sucesos como

110

village, a castle or a countryside fell into the hands of an army, hundreds of thousands of times in European history alone, from mediaeval times onward. Sebastien Leprestre Vauban (1633-1707), the greatest of the military architects, estimated that the incessant wars between the fall of Rome and the year 1700 had killed twelve women, children or other defenceless noncombattants, and had mutilated another hundred and twenty, for every one soldier killed or mutilated in battle. (Alone the bombardments of Dresden and Hiroshima in 1945 killed and maimed more civilians, three fourths of them women and children, than the United States suffered casualties in all of World War Two — soldiers, sailors and marines together). See Les Miseres et les Mal-heurs de la guerre, by Jacques Callot, on pages 100-103.

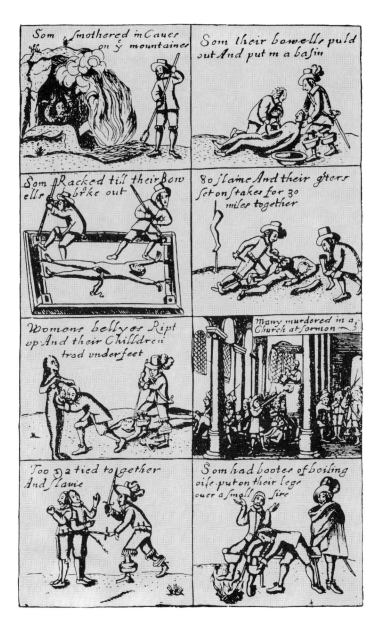

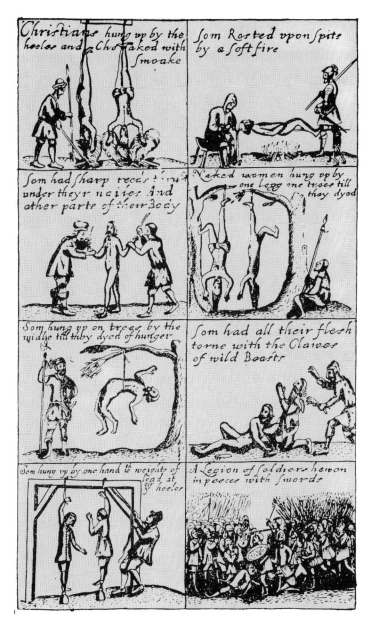

estos, y otros mucho más feroces aún, sucedían regularmente cada vez que una ciudad, una villa, un castillo, una aldea caían en manos de los soldados, centenares de miles de veces únicamente en la historia europea de la Edad Media en adelante. Sebastián Leprestre Vauban (1633-1707), el más grande de los arquitectos militares, calculó que las incesantes guerras europeas, desde la caída del Imperio Romano hasta 1700, habían matado aproximadamente doce mujeres, niños u otros civiles indefensos, y mutilado ciento veinte, por cada soldado muerto o mutilado en combate. (Sólo en los bombardeos de Dresden e Hiroshima de 1945 perecieron o fueron mutilados más civiles, tres cuartas partes de los cuales eran mujeres y niños, que todas las pérdidas militares americanas durante la segunda Guerra Mundial). Ver Les Misères et les malheurs de la guerre, de Jacques Callot, pags. 100-103.

47

PUNISHMENT COLLAR WITH A DEADWEIGHT
ITALIAN, ALMOST CERTAINLY
BOURBON, 1500-1860 [?].
PROVENANCE: PRIV. COLL., ITALY.

Many are the types and forms of bonds that tie humans to inhuman burdens: leg irons, arm irons, belts, collars, in great variety. The classical prisoner's "ball and chain" has become an idiomatic locution.

There is little to say on this score. The prisoner must carry one of these masses about with him for a long time, weeks, years, sometimes for the rest of his natural life; in the case of the specimen shown here, he had the iron ring around his neck and the stone, which weighs twenty-seven pounds, in his hands, everywhere and perhaps forever. The killing effort and the abrasion of the neck and shoulders, with the consequent proliferation of sepsis and gangrene, are similar to the effects wrought by A DEADLY SPIKED PUNISHMENT COLLAR (No. 48, p. 114), even if less bloody and not always fatal in the first few months.

Our present example leads us to suppose that the face carved into the stone is the self-portrait of a prisoner with an artistic bent, scratched away with who knows what bits and ends of iron furtively stashed away for the purpose. One is struck by the empty eyes, without irises or pupils, unseeing, unwilling to see, and by the disheartened mouth.

According to a family tradition, supported by two photographs of the years 1915-18, a forebear of the present owner, a gaoler or constable in the service of the Kingdom of the Two Sicilies until 1860, brought this relic away in October of 1860 from a barracks used, until the events of the preceding October, to house forced labour gangs, near Lancusi.

47

COLLAR PENAL ARRASTRANDO UN PESO
ITALIANO, CASI SEGURAMENTE
BORBÓNICO, 1500-1860 [?].
PROCEDENCIA: COL. PRIV., ITALIA.

Muchos son los tipos y formas de ataduras que ligan personas a pesos inhumanos: tobilleras, muñequeras, cinturones, collares, en gran variedad. La «bola» del preso es proverbial en este aspecto.

Poco hay que decir que no sea evidente. El preso debía llevar consigo estas cargas durante largo tiempo: semanas, meses, años, a veces de por vida; el bloque que aquí se muestra lleva una cadena con una anilla para el cuello en el extremo, la piedra, de doce kilos, se sujetaba con las manos, en cualquier momento y lugar. El mortal esfuerzo y la abrasión de cuello y hombros, con la consiguiente infección y gangrena, son similares a los provocados por el COLLAR DE PÚAS (n. 48, p. 114), aunque menos cruentos y no siempre fatales en los primeros meses.

Nuestro ejemplar nos lleva a suponer que el rostro esculpido en la piedra es un autorretrato de un preso con alma de artista, grabado con quién sabe que pedazos y restos de hierro furtivamente ocultados para tal fín. Impresionan los ojos vacíos, sin iris ni pupila, no ven, no desean ver; la boca demostrando abatimiento.

Según una tradición familiar, apoyada por dos fotografías de los años 1915-18, un ascendiente de la propietaria actual, carcelero al servicio del Reino de las Dos Sicilias hasta 1860, se llevó esta pieza en octubre de 1860 de un barracón que, hasta los acontecimientos de octubre del año precedente, albergaba presos forzados, cerca de Lancusi.

48

THE SPIKED PUNISHMENT COLLAR
EUROPE GENERALLY, 1500-1700.
ALL IRON, WITHOUT RESTORATIONS.

PROVENANCE: KINIGER COLL., ROVERETO, ITALY.

Furnished with spikes on all sides, this instrument, which weighs more than five kilogrammes or eleven pounds, is locked around the victim's neck. Often it becomes a means of execution: the erosion of the flesh of the neck, shoulders and jaw down to the bone, the spreading gangrene, the sepsis, the final erosion of the bones themselves (especially of the exposed vertebrae), bring on lethal collapse in short time. The collar offers the advantage of economy in time and money: its function is passive and static and does not require the effort, nor therefore the pay, of an executioner; it works by itself, day and night, without creating problems or requiring maintenance, and for these reasons is still used, like so many other items in this book, by the forces of law and order in many parts of the words, and not only of the Third.

48

COLLAR DE PUAS PUNITIVO
EUROPEO EN GENERAL, 1500-1700.
TODO DE HIERRO, SIN RESTAURACIÓN.

PROCEDENCIA: COL. KINIGER, ROVERETO, ITALIA.

Provisto de pinchos en todos los lados, este instrumento, que pesa más de cinco kilos, se cerraba en el cuello de la víctima, y a menudo se convertía en un medio de ejecución: la erosión hasta el hueso de la carne del cuello, hombros y mandíbula, la progresiva gangrena, la infección febril, la erosión final de los huesos mismos sobre todo de las vértebras descarnadas conducen a una muerte segura en poco tiempo. El collar presenta la ventaja de economizar tiempo y dinero: su función es pasiva y estática y no requiere el esfuerzo, ni por tanto la paga, de un verdugo; trabaja por sí mismo, día y noche, sin crear problemas ni requerir manutención, y por estas razones todavía se usa, como tantas otras cosas descritas en esta Guía, por la policía en muchas partes del mundo, y no sólo del tercer mundo.

49

SPIKED NECKLACE
GENERALLY EUROPEAN, PROBABLY AUSTRIAN, 1500-1800

PROVENANCE: GÖRLICH COLL., ALTO ADIGE, ITALY.

49

COLLAR DE ESPINAS
EUROPA EN GENERAL, PROBABLEMENTE AUSTRIACO, 1500-1800.

PROCEDENCIA: COL. GÖRLICH, ALTO ADIGE, ITALIA.

The comments apropos of the SPIKED COLLAR (No. 49, p. 116) apply here, too.

Las observaciones a propósito del COLLAR DE ESPINAS (n. 49, p. 116) se aplican también aquí.

Ein erschröckliche geschicht/so zu Derneburg in der Graff-schafft Reinsteyn/am Hartz gelegen/von dreyen Zauberin/vnnd zwayen Mañen/In ettlichen tagen des Monats Octobris Im 1 5 5 5. Jare ergangen ist.

Folget die geschichte/so zů Derneburg in der Graffschafft Reynstein am Hartz gelegen/ergangen ist/ Jm October des 1 5 5 5. Jars.

50

A STRAIT BELT
EUROPE GENERALLY, 1500-1800.

PROVENANCE: KINIGER COLL., ROVERETO, ITALY.

50

CINTURON DE SUJECION
EUROPEO EN GENERAL, 1500-1800.

PROCEDENCIA: COL. KINIGER, ROVERETO, ITALIA.

This is applied to the victim's waist. His or her wrists are locked into the rings at the flanks, and he is thus subjected to torture, or else abandoned to perish of cold, hunger, thirst, sepsis. These devices are all-purpose bonds, present in every prison and insane asylum the world over until a short while ago, and in many places have anything but vanished to this day.

Se aplica a la cintura de la víctima, cuyas muñecas se aprisionan en las abrazaderas de los costados. La persona así inmovilizada puede ser de esta manera sometida a torturas o bien abandonada para perecer de frío, hambre, sed, infección. Constituyen ataduras de múltiples usos, presentes en cualquier carcel o manicomio hasta hace poco tiempo; en muchos lugares se hallan presentes hoy en día.

51

"PIETY" or SELF-MORTIFICATION BELT
SPANISH OR FRENCH, LATE 18th OR EARLY 19th C.

PROVENANCE: PRIV. COLL., FRANCE (EX DESJARDINS COLLECTION, MARITIME ALPS, FRANCE).

51

EL CILICIO DE PINCHOS
ESPAÑOL O FRANCÉS, FINALES S. XVIII-PRINC. S. XIX.

PROCEDENCIA: COL. PRIV., FRANCIA (EX COLECCION DESJARDINS, ALPES MARITIMOS, FRANCIA).

Garments and body-hugging devices furnished with sharp spikes on the inside were, and in some circles still are, dear to religious self-mortifiers. Needless to say, the same devices served also for inquisitorial and punitive torture.

The present example, a simple belt made of barbed-wire loops with about two hundred and twenty points turned inwards, is but one of very many similar inventions known from surviving specimens and from iconographic sources. Locked around the victim, it quickly erodes the flesh with every breath and motion, and infection and gangrene follow; not rarely the executioner stocked the raw area with carnivorous worms which then gnaw their way inwards into the abdomen.

According to a tradition in the family of the owners, a tale rendered credible by a few letters of the years 1864-72 (when the whole business had become a yellowed memory, and its protagonists were very old or dead), this very same belt was inflicted in Spain in 1811 on the young and beautiful wife of a French officer by a Catalonian bandit who, having snatched the lady from her calesse, but being by religious and moral scruples averse to rape, tied her to the bed and locked the belt around her waist, leaving her thus until she would yield herself freely, and who knows but that he had a bag of carnivorous worms on hand as well. But the lair of this nefarious Iberian was stormed by the husband's brave companions in arms and the lady was fetched to safety. History does not record whether she or the lair yielded first.

Los instrumentos provistos de pinchos en su interior eran y en determinados ambientes aún lo son, predilectos de religiosos automortificantes. Naturalmente, los mismos instrumentos servían también para la tortura inquisitoria y punitiva.

El ejemplar presente, un sencillo cinturón hecho de malla de alambre espinoso con casi 220 puntas de hierro dirigidas hacia dentro, no es más que uno de los numerosos ingenios conocidos entre los que han llegado a nuestros días y de muchas fuentes iconográficas. Ceñido en torno a la víctima, rápidamente hiere y lacera la carne con cada pequeño movimiento, con cada respiración; luego sobreviene la infección, la putrefacción y la gangrena; no pocas veces el verdugo agregaba gusanos carnívoros en la parte descarnada que se introducen royendo hacia el interior del abdomen.

Según la tradición de la familia de los propietarios a la que dan credibilidad unas cuantas cartas de los años 1864-72 (cuando todo el asunto era un rancio recuerdo y sus protagonistas eran muy viejos o estaban muertos) este mismísimo cinturón fué aplicado en España en 1811 a la joven y bella esposa de un oficial francés por un bandido catalán. Este, habiendo raptado a la dama de su calesa, pero siendo por escrúpulos morales y religiosos contrario a la violación, la ató a la cama y le ciñó el cinturón al talle, dejándola así hasta que quisiera entregarse por propia voluntad; no se sabe si disponía o no por casualidad de gusanos carnivoros. Sin embargo la guarida del salteador fué hallada y asaltada por los compañeros de armas del marido y la dama fué puesta a salvo. La historia no registra si cedió primero la guarida o ella.

52

"SAINT ELMO'S BELT"
GENERALLY EUROPEAN, PROBABLY GERMANIC,
1500-1800.

PROVENANCE: PRIV. COLL., NUREMBERG.

52

«CINTURON DE SAN ERAMO»
EUROPA EN GENERAL, PROBABLEMENTE ALEMAN,
1500-1800.

PROCEDENCIA: COL. PRIV., NUREMBERG.

The origins of this denomination are uncertain — nothing is known about the martyrdom of St. Erasmus (or Elmo) in A.D. 303; quite likely it is an allusion to "St. Elmo's fire", the spectacular electromagnetic phenomenon that seems to envelop the masts and spars of sailing ships in sparks and fire under certain atmospheric conditions. The use and effects of this device seem obvious and not in need of comment.

Los origines de su denominación son inciertos, puesto que no se conocen las circunstancias del martirio de S. Erasmo/Eramo/Elmo en el 303 d.C.; probablemente se trata de una alusión al «fuego de Santelmo», espectacular fenómeno electromagnético que parece revestir de fuego y centellas los palos de los veleros en ciertas condiciones atmosféricas. El uso y los efectos de este artefacto son evidentes y no necesitan comentarios.

53/54

RED-HOT PINCERS AND TONGS
EUROPE GENERALLY, 1500-1800.

PROVENANCE: PRIV. COLL., FRANCE
(EX FRIEDLAENDER-MANIN COLLECTION, VENICE).

Pincers, pliers, shears, used also cold but for the most part red-hot, and suitable for the removal of any member of the human body, constituted basic implements in the tool chest of every executioner. The pliers, not really different from the common workman's variety, were addressed mostly — especially when red-hot — to noses, fingers, toes and nipples (see also A Breast Ripper [No. 57]). Tubular pincers, like the masterfully chiselled and engraved crocodile shown here, served to rip or burn off the penis.

Owing to the reasons advanced in the notes on The Oral, Rectal and Vaginal Pear (No. 55, p. 132), throughout the centuries male genitals have always been tacitly accorded a species of immunity in the main currents of torture, including those of the present day, notwithstanding comparatively rare if conspicuous cases of castration (in the sense of the amputation of the testicles only), extirpation of the penis, and at times even removal of the entire triad (the resected parts were often burnt in, and together with, the fist of the victim).

In the event, these punishments were not inflicted for acts of violence against women, as might be supposed, but rather for violence, or attempted violence, or conspiracy to commit violence, against a ruler or prince. Extramarital rape was prosecuted and punished only with the greatest reluctance, a situation little changed since then. The marital variety has ever been sacrosanct.

53/54

PINZAS Y TENAZAS ARDIENTES
EUROPEAS EN GENERAL, 1500-1800.

PROCEDENCIA: COL. PRIV., FRANCIA
(EX COLECCIÓN FRIEDLAENDER-MANIN, VENECIA).

Pinzas, tenazas, cizallas, usadas también en frío pero casi siempre al rojo, adecuadas para lacerar o arrancar cualquier miembro del cuerpo humano, constituían utillaje básico entre las herramientas de todo verdugo. Las tenazas, no muy diferentes de las corrientes en un taller, se dedicaban sobre todo — preferentemente al rojo — a las narices, dedos de las manos y de los pies y a los pezones (ver también El Desgarrador de Senos, n. 57, p. 136). Las pinzas alargadas, como el cocodrilo que se muestra, maravillosamente esculpido y grabado, servían para desgarrar o abrasar el pene.

Por las razones expuestas en las notas sobre La Pera Oral Rectal y Vaginal (n. 55, p. 132), a través de los siglos los genitales masculinos siempre han gozado de una especial inmunidad tácitamente acordada en el seno de las principales corrientes de la tortura hasta el día de hoy; sin embargo también se dan raros, aunque llamativos, casos de castración (en el sentido de amputación de los testículos solamente) extirpación del pene, y a veces amputación de la tríada completa (las partes seccionadas a menudo eran quemadas junto con y dentro del puño de la víctima).

Estos castigos no se aplicaban por actos de violencia contra la mujer, como se podría suponer, sino más bien por violencia, o intentos de violencia, o por conspiración para la violencia, contra un gobernante o príncipe. La violación extramarital raramente era castigada, situación que ha cambiado poco desde entonces. La violación matrimonial siempre ha sido sacrosanta.

FIGURA 106 *El martirio de Santa Agata. Lienzo al óleo de Sebastiano del Piombo (1485-1547), Palacio Pitti, Florencia.*

127

FIGURE 107 *A synthesis of ten common punishments, including cutting out the tongue and drowning. Woodcut from* Der Laienspiegel (Mirror for Unbelievers) *by Albrecht Tegler, Mainz, 1498 and later editions.*

FIGURE 108 *Twisting with cords, breaking and dislocating one shoulder only (instead of both — see pp. 95 and 97-99). Woodcut from Milles de Souvigny,* Praxis criminis persequendi, *Paris, 1541.*

108

107

FIGURA 107 *Una síntesis de diez suplicios comunes, incluídos el corte de la lengua y el ahogamiento. Xilografía de* Der Laienspiegel (El espejo para los no creyentes), *de Albrecht Teugler, Maguncia, 1498 y ediciones posteriores.*

FIGURA 108 *Prensa con cuerdas, la ruptura y la dislocación de un solo hombro (en vez de ambos — ver págs. 95 y 97-99). Xilografía de Souvigny,* Praxis criminis persequendi, *París, 1541.*

FIGURE 109 *Crushing the legs, and especially the knees, with a species of "Spanigh boots"; their function and effects are obvious. Woodcut from the same source as Figure 108.*

FIGURE 110 *In the background, smashing (not cutting off) the hand, by hammering it on an iron wedge; in the foreground, burning the armpit; and the pendulum.* Woodcut from Der Laienspiegel (Mirror for Unbelievers), *by Albrecht Teugler, Mainz, 1498 and later editions.*

109

110

FIGURA 109 *Aplastamiento de las piernas, pero especialmente de las rodillas, con una especie de «botas españolas»; su funcionamiento y efectos son obvios. Xilografía de la misma fuente que la Fig. 108.*

FIGURA 110 *En segundo plano, el machacamiento (no el corte) de la mano, golpeándola sobre un yunque de hierro; en primer plano, la quemadura de la axila, y el péndulo. Xilografía de* Der Laienspiegel (El espejo para no creyentes) *de Albrecht Teugler, Maguncia, 1498 y ediciones sucesivas.*

129

FIGURE 111 *A knight in armour is led to a tree to be hanged while a friend or relative implores mercy of the king. German woodcut from an unknown source, mid-1400's.*

FIGURE 112 *Common hanging (see P. 28 THE HEADSMAN'S SWORD, second paragraph). Death often comes only after the victim has "danced the hanged-man's jig" for more than a quarter of an hour. Woodcut from* Spiegel der Tugend (Mirror of Virtue), *Basel, 1497.*

FIGURE 113 *The gallows of Berlin, early 18th century. It was not unusual for a three-cornered gallows to be constructed above a circular container into which the decomposing limbs would fall bit by bit. Engraving from an unidentified source, perhaps Kaisermann's* Wahre Nachrichten schrecklicher Verbrechen, *Berlin, 1722.*

111

112

113

FIGURA 111 *Un caballero con armadura es conducido a un árbol para ser colgado mientras un amigo o pariente implora piedad al rey. Xilografía alemana, procedencia desconocida, mediados s. XV.*

FIGURA 112 *El ahorcamiento ordinario (ver pagina 28, LA ESPADA DEL VERDUGO, segundo párrafo). La muerte a menudo sobreviene sólo después que la víctima haya «bailado la danza del ahorcado», a veces durante más de un cuarto de hora. Xilografía de* Spiegel der Tugend (Espejo de la virtud), *Basilea, 1497.*

FIGURA 113 *La horca de Berlín, principios del siglo XVIII. No eran raras las horcas colocadas sobre un contenedor circular en el que los miembros descompuestos caían a pedazos. Grabado de fuente no identificada, quizás* Wahre Nachrichten schrecklicher Verbrechen *de G. Kaisermann, Berlín, 1722.*

FIGURE 114 *Montfauçon, the gallows of Paris, built in the thirteenth century and knocked down only in 1761. Anonymous engraving of the early 1700's, from an unknown source.*

FIGURE 115 *Martyrdoms of Protestants in England during the reign of "Bloody" Mary Tudor (1553-68); anonymous English engraving of the succeeding century. (Priv. coll., Lewes, Sussex).*

FIGURE 116 *Etching by Francisco Goya, from* The Disasters of the Wars, *Madrid, 1808-14.*

114

115

116

FIGURA 114 *Montfauçon, la horca de París; erigida en el siglo XIII, no fué derruída hasta 1761. Grabado anónimo de principios del XVIII, procedencia desconocida.*

FIGURA 115 *Suplicio de protestantes en Inglaterra bajo el reinado de Mary Tudor (1553-68); grabado anónimo inglés del siglo siguiente (col. priv., Lewes, Sussex, Inglaterra).*

FIGURA 116 *Aguafuerte de Francisco de Goya, de* Los desastres de la guerra, *Madrid, 1808-14.*

55

THE ORAL, RECTAL AND VAGINAL PEAR
VENETIAN, 1575-1700.
BRONZE SEGMENTS AND KEY, IRON SCREW.

PROVENANCE: PRIV. COLL., ITALY
(EX FRIEDLAENDER-MANIN COLLECTION, VENICE).

55

LA PERA ORAL, RECTAL Y VAGINAL
VENECIANA, 1575-1700.
SEGMENTOS Y LLAVE DE BRONCE, TORNILLO 1
HIERRO.

PROCEDENCIA: COL. PRIV., ITALIA
(EX COLLECIÓN FRIEDLAENDER-MANIN, VENECIA)

These instruments were used — and still are, no longer ornamented but otherwise not much changed — in oral and rectal formats, like the present specimen, and in the larger vaginal one. They are forced into the mouth, rectum or vagina of the victim and there expanded by force of the screw to the maximum aperture of the segments. The inside of the cavity in question is irremediably mutilated, nearly always fatally so. The pointed prongs at the end of the segments serve better to rip into the throat, the intestines or the cervix.

The oral pear was often inflicted on heretical preachers, but also on lay persons guilty of unorthodox tendencies; the rectal pear awaited passive male homosexuals, and the vaginal one women guilty of sexual union with Satan or his familiars.

Mutilation of breasts and female genitalia has been an omnipresent and constant usage throughout history. Insomuch as the soul of torture is male, male organs have always enjoyed the benefit of a species of immunity (notwithstanding certain exceptions — see for example THE RED-HOT PINCERS [Nos. 53/54, p. 126]), a fact that leads to the hypothesis of a fraternal understanding between male victim and male judge-torturer, an understanding that must have been welded into the nascent primordial mind aeons ago. And since the soul of torture is male, and in the tenebrosity of his unilluminable nature the male is terrified by the mysteries of the female's cycles and fecundity, but above all by her inherent intellectual, emotional and sexual superiority, those organs that define her essence have forever been subjected to his most savage ferocity, he being superior only in physical strength. Hence centuries of witch hunts, with unspeakable methods.

Estos instrumentos se usaban — y aún se usan, ya no ornamentadas pero en esencia invariadas — en formatos orales y rectales, como el ejemplo aquí presente, y en formato vaginal de mayor tamaño. Se embutían en la boca, recto o vagina de la víctima y allí se desplegaban por medio del tornillo hasta la máxima apertura. El interior de la cavidad afectada quedaba irremediablemente, y quizás siempre fatalmente, dañado. Las puntas que sobresalen del extremo de cada segmento servían para desgarrar mejor el fondo de la garganta o del recto, o la cerviz del útero.

La pera oral frecuentemente se aplicaba a los predicadores heréticos, pero también a seglares reos de tendencias antiortodoxas; la pera vaginal en cambio estaba destinada a las mujeres culpables de relaciones con Satanás o con uno de sus familiares, y por último, la rectal a los homosexuales pasivos.

La mutilación de los senos y órganos genitales femeninos constituye una costumbre omnipresente y constante a lo largo de la historia. Puesto que el espíritu de la tortura es masculino, los órganos masculinos han gozado siempre de una especie de inmunidad (no obstante ciertas excepciones — ver, por ejemplo, las PINZAS ARDIENTES, n. 53/54, p. 126), tal hecho conduce a la hipótesis de un entendimiento hermanal entre la victima macho y el juez-verdugo macho, un entendimiento que debe haber sido establecido hace miles de siglos en la naciente conciencia primordial. Y puesto que el espíritu de la tortura es masculino, y en la tinieblas de su natura iniluminable el macho permanece aterrado por los misterios de los ciclos y la fecundidad, pero sobre todo por la congénita superioridad intelectual, emocional y sexual de la hembra, esos órganos que definen la esencia femenina han estado siempre sujetos a su ferocidad más cruenta, ya que él es superior sólo en fuerza física. De ahí los siglos de cazas de brujas, con procedimientos innombrables.

56

THE CHASTITY BELT
PROBABLY VENETIAN, 17th TO 19th CENTURIES.

PROVENANCE: PRIV. COLL., GERMANY (D.D.R.)
(EX FRIEDLAENDER-MANIN COLLECTION, VENICE).

A deathless popular myth, but one echoed also in academic publications, mystifies these devices. The fable will have it that they served to ensure the fidelity of wives during long absences of husbands, and particularly — no one knows why, considering that we have no documentary evidence to support such a notion — of the wives of knights-crusaders about to depart for the Holy Land.

Perhaps *some*times, but never by way of normal usage, "fidelity" was thus "ensured" for brief periods, for a few hours or a couple of days — never for any greater length of time. A woman thus locked up would soon fall prey to death from the sepsis caused by unremovable toxic accumulations, not to speak of the abrasions and lacerations caused by the rubbing of the iron, nor of the possibility of an incipient pregnancy.

The prevalent use of the belt was in reality a very different one: viz., that of forming a barrier against rape, a frail barrier and yet a sufficient one under certain conditions: in times of the quartering of soldiers in town, during overnight stays in inns, on journeys generally. We know from many testimonies that women locked themselves into the belt on their own initiative, a fact that some old Sicilian and Spanish women alive today will still remember.

Thus a question arises: the belt is or is not a torture instrument? And the answer is an unequivocal *yes*, because this humiliation, this outrage to the body and the spirit, is imposed by terror of the male, by fear of suffering at the will of the masculine nature.

See also THE ORAL, RECTAL AND VAGINAL PEAR (No. 55, p. 132)

134

56

EL CINTURON DE CASTIDAD
PROBALEMENTE VENECIANO, SIGLOS XVIII-XIX.

PROCEDENCIA: COL. PRIV., ALEMANIA (R.D.A.)
(EX COLECCION FRIEDLAENDER-MANIN, VENECIA).

Un imperecedero mito popular, aunque recogido en publicaciones académicas, mixtifica el uso de este aparato. La opinión tradicional es que el cinturón de castidad se usaba para garantizar la fidelidad de las esposas durante largas ausencias de los maridos, y sobre todo — nadie sabe porqué, ya que no hay evidencias documentales que den soporte a tal idea — de las mujeres de los cruzados que partían a Tierra Santa.

Quizás alguna vez, aunque no como utilización normal, la «fidelidad» era de este modo «asegurada» durante períodos breves, unas horas o un par de días — nunca por tiempo más dilatado. Una mujer trabada de esta manera perdería en breve la vida a causa de las infecciones ocasionadas por acumulaciones tóxicas no retiradas, para no mencionar las abrasiones y laceraciones provocadas por el mero contacto con el hierro; por último, considerar también la posibilidad de un embarazo ya en acto.

En realidad, el uso principal del cinturón era muy diferente: el de constituir una barrera contra la violación, una barrera frágil pero suficiente en determinadas condiciones: en épocas de acuartelamiento de soldados en las ciudades, durante estancias nocturnas en posadas, durante los viajes. Sabemos por muchos testimonios que las mujeres se conlocaban el cinturón por iniciativa propia, hecho que algunas ancianas sicilianas y españolas aún recuerdan en nuestros días.

Así llega a plantearse la cuestión ¿el cinturon es o no es instrumento de tortura? La respuesta ha de ser un *sí* inequívoco, puesto que esta humillación, este ultraje al cuerpo y al espíritu, es impuesto por el terror del macho, por el temor de sufrir a causa de la agresividad masculina.

Ver también LA PERA ORAL, RECTAL Y VAGINAL (n. 55, p. 132).

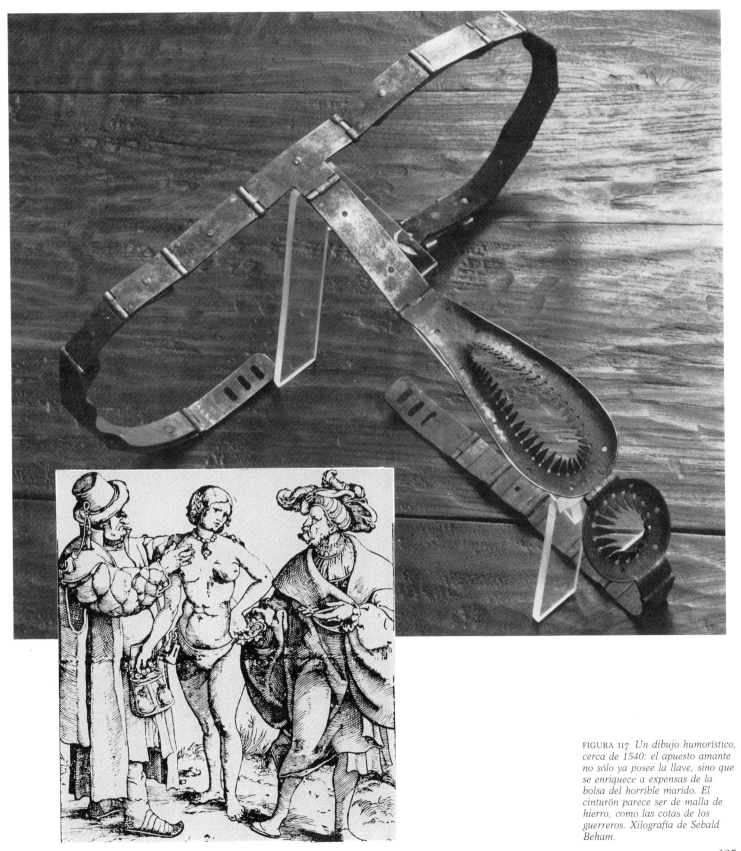

FIGURE 117 *A caricature of about 1540: the handsome lover not only has the key, but is enriched at the expense of the horrible husband's purse. The belt seems to be made of mail, like the thus-constructed shirts of armour. Woodcut by Sebald Beham.*

FIGURA 117 *Un dibujo humorístico, cerca de 1540: el apuesto amante no sólo ya posee la llave, sino que se enriquece a expensas de la bolsa del horrible marido. El cinturón parece ser de malla de hierro, como las cotas de los guerreros. Xilografía de Sebald Beham.*

57

A BREAST RIPPER
EUROPE GENERALLY, 1300-1700.

PROVENANCE: PRIV. COLL., ENGLAND
(EX DONLEY COLLECTION, IPSWICH, ENGLAND).

Cold or red-hot, the four claws slowly ripped to formless masses the breasts of countless women condemned for heresy, blasphemy, adultery and many other "libidinous acts", self-induced abortion, erotic white magic and other crimes. In various places at various times — in some regions of France and Germany until the early nineteenth century — a «bite» with a red-hot ripper was inflicted upon one breast of unmarried mothers, often whilst their creatures, splattered with maternal blood, writhed on the ground at their feet (see Fig. 40, p. 56).

Besides the punitive function, breast-ripping also served as an interrogational and juridical procedure.

See also THE ORAL, RECTAL AND VAGINAL PEAR (No. 55, p. 132).

57

EL DESGARRADOR DE SENOS
EUROPA EN GENERAL, 1300-1700.

PROCEDENCIA: COL. PRIV., INGLATERRA
(EX COLECCIÓN DONLEY, IPSWICH, INGLATERRA).

Ya frías o bien ardiendo, las cuarto puntas desgarraban hasta convertir en masas informes los senos de incontables mujeres condenadas por herejía, blasfemia, adulterio y muchos otros «actos libidinosos», aborto provocado, magia blanca erótica y otros delitos. En varios lugares en diferentes épocas — en algunas regiones de Francia y Alemania hasta el siglo XVIII — un «mordisco» con dientes al rojo vivo se aplicaba a un seno de las madres solteras, a menudo mientras sus criaturas se contorsionaban en el suelo salpicadas por la sangre materna (ver una situación similar en la Fig. 40, p. 56).

Además de la función punitiva, el desgarramiento de senos servía también como procedimiento inquisitorial y judicial.

Ver también LA PERA ORAL, RECTAL Y VAGINAL (n. 55, p. 132).

FIGURE 118 *A treatment frequently inflicted on witches. Drawing based on Austrian archival sources, reprinted in Villeneuve . (see p. 157).*

FIGURE 119 *Trial by water. If the accused was a witch, the water, a pure and innocent element, would reject her — that is, she would float, although tied as shown this is almost impossible; she would*

then be burnt at the stake. If instead the water accepted her and she drowned, she was proven innocent. Woodcut, 16th century, probably German, reproduced in Schild (see p. 157).

118

119

FIGURA 118 *Un castigo infligido a menudo a las brujas. Dibujo realizado seún informaciones de archivo, reproducido en Villeneuve (v. p. 157).*

FIGURA 119 *La prueba de flotación. Si la acusada era una bruja el agua, siendo un elemento puro e inocente, la habría empujado a flote (hecho casi imposible con las extremidades atadas de la manera representada), y por lo tanto sería*

conducida a la hoguera y quemada. Si, por el contrario, el agua, la aceptaba y se ahogaba, su inocencia estaba comprobada. Xilografía del siglo XVI, probablemente alemana, reproducido en Schild (v. p. 157).

FIGURES 120-121 *But not always just the female organs . . . . Above, besides the rack and water torture, the torch that is dropping flaming pitch onto the abdomen will also drop it onto the penis and scrotum. German woodcut, about 1550. Below: Etching by Francisco Goya, from* The Disasters of the Wars, *Madrid, 1808-14.*

FIGURE 122 *Detail of a Dutch engraving of about 1590, one in a series of fifty-three showing the massacre of the Protestant citizens of Antwerp by the Spanish on 5 November 1576. Reprinted in Villeneuve (see p. 157).*

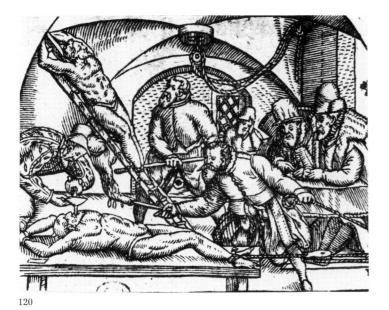

120

121

122

FIGURAS 120-121 *Pero no solamente los órganos femeninos... Arriba: además del banco de estiramiento y del suplicio del agua, la tea que vierte pez abrasante sobre el abdomen, la verterá también sobre el pene y los testículos. Debajo: Aguafuerte de Francisco de Goya, de* Los desastres de la guerra, *Madrid, 1808-1814.*

FIGURA 122 *Detalle de un grabado holandés de 1590 apróx., uno de la serie de cincuenta y tres que representan la matanza de protestantes en Amberes por parte de los españoles, el 5 de noviembre de 1576; reproducido en Villeneuve (v. p. 157).*

123

125

124

FIGURE 126 *Vlad Tepes Dracula, voivode of Walachia, at table. The heading over the title-page woodcut of this German publication of 1477 says: "Here begins the dreadful and horrific accounts of the wild and furious Dracula, in particular how he* impaled people and roasted them and boiled them together with their heads in a cauldron." *Dracula's ferocity has associated his name forever with vampirism. Scenes of impalement like the present one were not rare throughout Europe, 1300-1700.*

FIGURE 127 *A condemned prisoner (left), seated on the sledge that is hauling him to the place of execution, is being pinched by red-hot pliers; another unfortunate has been impaled on a sharp rod that enters his anus and comes out at his shoulder. Watercolour from a city chronicle of Augsburg, 1537.*

FIGURE 128 *Impalement of a husband-poisoner, 17th century. Watercolour miniature in the Neubauerische Chronik, about 1640, in the Municipal Archives (Stadtarchiv), Nuremberg.*

126

127

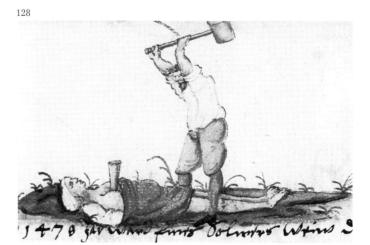

128

FIGURA 126 *Vlad Tepes Dracula, voivod de Walachia, sentado a la mesa. El título que figura sobre esta xilografía, sacada de una publicación alemana de 1477 dice: «Aquí comienza la terrible y espantosa historia del feroz y salvaje Drácula y, en particular,* de cómo hizo empalar a tanta gente, y de cómo los quemaba y hervía junto con sus cabezas en grandes calderas». *Escenas de empalamiento como la que aquí se representa no eran raras en la Europa del 1300 al 1700.*

FIGURA 127 *Un condenado (a la izquierda) sentado en una narria que lo arrastra al lugar de ejecución, es atormentado con pinzas ardientes; otro infortunado ha sido empalado sobre una estaca afilada que le entra por el ano y sale entre los hombros. Acuarela de una crónica ciudadana de Augsburg, 1537.*

FIGURA 128 *Empalamiento de una mujer que había envenenado a su marido, siglo XVII. Acuarela en miniatura, en la Neubauerische Chronik, 1640 apróx., en los Archivos Municipales de Nuremberg.*

58/60

BRANDING IRONS
GENERALLY EUROPEAN, 1700-1800.
PROVENANCE: PRIV. COLL., ITALY.

58/60

HIERROS ARDIENTES PARA MARCAR
EUROPA, 1700-1800.
PROCEDENCIA: COL. PRIV., ITALIA.

Used for the marking of some convicts, usually on a shoulder blade but often also on the cheek or forehead. His or her crime was specified by a code of letters or symbols known to everyone in the land.

Se usaban para marcar algunos condenados, generalmente en un hombro pero a menudo también en una mejilla o en el frente. El delito que él o ella había comedido fue especificado por un código de letras o simbolos que todos en el principado comprendían.

FIGURE 129 *Heretics condemned to the stake are first exposed to public vituperation; their hands are nailed to the pillories. Engraving by Arthur de Moraine, c. 1840.*

FIGURE 130 *Dominicans and inquisitors If the heretic does not convert to the true faith, nothing will remain of his feet; his hands will be burnt off next. Lithograph after a painting by Robert Fleury, 1841.*

FIGURE 131 *Much the same scene as Figure 130, seen from the other side of the pillory. Engraving by Gustave Doré, about 1850.*

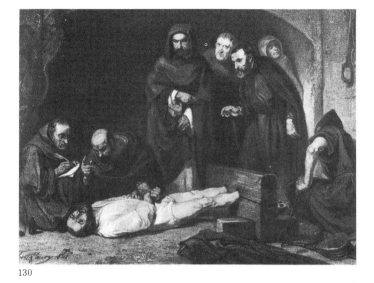

130

129

131

FIGURA 129 *Algunos herejes ya condenados a la hoguera son también expuestos al escarnio público; sus manos están clavadas a los palos. Grabado de Arthur de Moraine, 1840 apróx.*

FIGURA 130 *Dominicos e inquisidores. Si el hereje no se convierte a la verdadera fe, perderá sus pies y a continuación se le quemarán las manos. Litografía sacada de una pintura de Robert Fleury, 1841.*

FIGURA 131 *Escena muy parecida a la de la Figura 130, pero vista desde el lado opuesto del cepo. Grabado de Gustave Doré, 1850 apróx.*

FIGURE 132 *An interrogatee before a tribunal of the Inquisition, clamped into one of the most commonly used positions: it causes atrocious pains in the back, terrifies and disorientates the victim, and allows the easy infliction of an inexhaustible variety of torments. Note the industriousness of the Dominican monks. Drawing by Gustave Doré, mid-1800's.*

FIGURE 133 *The water torture. Engraving by Arthur de Morain, c. 1840. For a description of this torment, see Figure 45 on page 57.*

132

133

FIGURA 132 *Un interrogatorio ante el tribunal de la Inquisición. El acusado doblado en una de las posiciones más usadas: provoca atroces dolores en la espalda, desorienta y aterroriza a la víctima y permite la fácil aplicación de una interminable gama de tormentos. Nótese la laboriosidad de los frailes dominicos. Diseño de Gustave Doré, mediados s. XIX.*

FIGURA 133 *El suplicio del agua. Grabado de Arthur de Morain, 1840 apróx. Para la descripción de esta torutra véase la Fig. 45, en la página 57.*

61/65

"SHREW'S FIDDLES"
AND SIMILAR DEVICES

WOODEN SPECIMENS: CENTRAL EUROPE AND NORTHERN ITALY, 1600-1800. PROVENANCES: SIMPLE PEAR-SHAPED SPECIMEN: GÖRLICH COLLECTION, ALTO ADIGE, ITALY; "TWIN" SPECIMEN (TWO LINKED BY A CHAIN): PRIV. COLL., FLORENCE, ITALY, EX DONLEY COLLECTION, IPSWICH, ENGLAND; "TWIN" SPECIMEN (SINGLE STRAIGHT BOARD WITH TWO RECEPTACLES): PRIV. COLL., MILAN; SIMPLE VIOLIN-SHAPED SPECIMEN: PRIV. COLL., MUNICH.

IRON SPECIMEN: ENGLISH/AMERICAN, FROM THE VIRGINIA COLONY, PERHAPS 1700-1750 BUT MORE LIKELY 1750-1860; PROBABLY OUT OF THE SLAVE TRADE, FOR TRANSPORTATION OR PUNISHMENT. PROVENANCE: PRIV. COLL., RICHMOND, VIRGINIA, U.S.A., EX "THE SYCAMORES" PLANTATION, COSTER'S FALLS, VIRGINIA.

61/65

«EL VIOLON DE LAS COMADRES»
Y AFINES

EJEMPLARES DE MADERA: EUROPA CENTRAL E ITALIA SEPTENTRIONAL 1600-1800. PROCEDENCIA: EJEMPLAR SIMPLE CON FORMA DE PERA: COLECCION GÖRLICH, ALTO ADIGE, ITALIA; EJEMPLAR DOBLE «DE GEMELOS» (DOS UNIDOS CON CADENA): COL. PRIV., FLORENCIA, EX COLECCION DONLEY, IPSWICH, INGLATERRA; EJEMPLAR DOBLE «DE GEMELOS» (TABLA UNICA CON DOS PIEZAS): COL. PRIV., MILAN; EJEMPLAR SIMPLE CON FORMA DE VIOLIN: COL. PRIV., MUNICH.

EJEMPLAR DE HIERRO: INGLES/AMERICANO DE LA COLONIA DE VIRGINIA, QUIZAS ALREDEDOR DE 1700-1750 PERO MAS PROBABLEMENTE 1750-1860; QUIZAS DE NERGIERE, PARA TRASPORTAR O PARA CASTIGAR LOS ESCLAVOS. PROCEDENCIA: COL. PRIV., RICHMOND, VIRGINIA, U.S.A. EX PLANTACION «THE SYCAMORES», COSTER'S FALLS, VIRGINIA.

The observations apropos of the BRANKS (Nos. 66-71, p. 150) and the STOCKS OR PILLORY (No. 26, p. 66) are pertinent to these devices, too, which were inflicted in the manner shown on these pages. The effects on the flesh of neck and wrists after a few days of imprisonment may well be imagined and require no elucidation. Shrew's fiddles — German *Halsgeige*, "neck-violin" — remained in use in Switzerland in the cantons of Graubünden and Schwyz respectively until 1872 and 1888, and in a few German principalities until German unification in 1871.

The analogous iron device is a type widely used until the abolition of slavery in the United States in 1865.

Las observaciones hechas a propósito de las MASCARAS INFAMANTES (n. 66/71, p. 150) y del CEPO (n. 26, p. 66) son válidas también para estos instrumentos, que se infligían en la forma que se representa en las páginas de al lado. Su efecto sobre la carne del cuello y de las muñecas algnos días después de su colocación se puede imaginar facilmente. El «violón» — alemán *Halsgeige*, «violín al cuello», inglés *shrew's fiddles*, «violín de la gruñona» — permaneció en uso en Suiza en los cantones Grigione y Schwyz hasta 1872 y 1888 respectivamente y en algunos principados alemanes hasta la unificación de Alemania en 1871.

El hierro de esclavo análogo se usó en Estados Unidos hasta la abolición de la esclavitud en 1865.

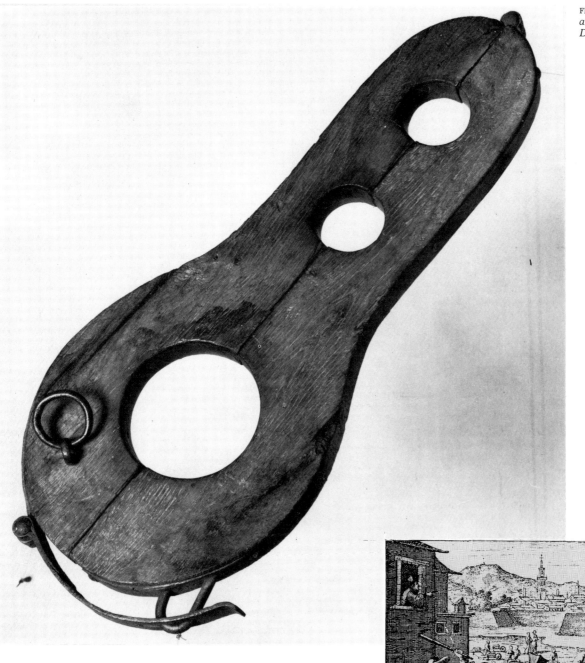

FIGURE 134   *The "shrew's violin"
and forced labour. Engraving by
Daniel Chodowiecki, Berlin, 1770.*

FIGURA 134 *El «violón de las
comadres» y trabajos forzados.
Incisión de Daniel Chodowiecki,
Berlín, 1770.*

148

66/71

BRANKS, or SCOLD'S BRIDLES
GERMANIC EUROPE, 1600-1800.
MADE ENTIRELY OF SHEET IRON.

PROVENANCE: AUCTION SALE OF TOWN PROPERTY IN
BAMBERG, GERMANY, 1897; VARIOUS PRIV. COLLS. IN
GERMANY FROM 1897 TO ABOUT 1935; SINCE 1937 IN
TWO PRIV. COLLS., ITALY.

These devices, which existed in a vast profusion of fantastical and sometimes downright artistic styles from about 1500 to 1800, were used to punish those who, by their words, had transgressed against prevailing conventions, against the arrogance of the male power structure, or against the state of things in general. In the course of four centuries, millions of women decried as ''scolds'' and ''shrews'' because domestic slavery and incessant pregnancy had reduced them to neurasthenia and frenzy were thus humiliated and tortured; political power thus held up to public ridicule the petty disobedient and the noncomformists; ecclesiastical power thus punished a long list of lesser infractions.

The overwhelming majority of victims were always women, and the operative principle was *mulier taceat in ecclesia*, ''Let the woman be silent in church'', ''church'' here meaning the ruling ecclesiastical and secular hierarchies, both constitutionally gynaecophobic; the sense was thus ''Let the woman be silent in the presence of the male''. Many branks had inner iron projections that were forced into the victim's mouth, and some of these permanently mutilated the tongue with sharp spikes and blades.

The victims, locked into the masks and staked out in the town square, were also treated roughly by the crowd. Painful beatings, besmearing with faeces and urine, and serious, sometimes fatal wounding — especially in the breasts and pubes — was their lot.

66/71

MASCARAS INFAMANTES
EUROPA GERMÁNICA, 1600-1800.
LÁMINA DE HIERRO.

PROCEDENCIA: SUBASTA DE PROPIEDADES COMUNALES EN BAMBERG, ALEMANIA, 1897; DIVERSAS COLS. PRIVS. EN ALEMANIA DESDE 1897 HASTA 1935; DESDE 1937 EN DOS COLS. PRIVS., ITALIA.

Estos artilugios, que existían en gran profusión de formas fantasiosas y, a veces, francamente artísticas, desde 1500 hasta 1800, se imponían a quienes habían manifestado imprudentemente su descontento hacia el orden, contra las convenciones vigentes, contra la prepotencia del poder machista o, de cualquier forma, contra el estado de las cosas en general. A través de los siglos millones de mujeres, consideradas «conflictivas» por su cansancio de la esclavitud doméstica y los contínuos embarazos, fueron humilladas y atormentadas de esta manera; así el poder político exponía el escarnio público a los desobedientes y a los inconformistas; así el poder eclesiástico castigaba una larga lista de infracciones menores.

La inmensa mayoría de las víctimas eran mujeres, y el principio que se aplicaba era siempre el de *mulier taceat in ecclesia*, «la mujer calle en la iglesia»: «iglesia» significa aquí las jerarquías gobernantes, tanto eclesiásticas como seculares, ambas constitucionalmente misóginas; el sentido era por tanto «la mujer calla en presencia del macho». Muchas máscaras incorporaban piezas bucales de hierro, algunas de estas mutilaban permanentemente la lengua con púas afiladas y hojas cortantes.

Las víctimas encerradas en las máscaras y expuestas en la plaza pública, eran también maltratadas por la multitud. Golpes dolorosos, ser untados con orina y excrementos, y heridas graves, a veces mortales, sobre todo en los senos y el pubis, eran su suerte.

FIGURE 135 *From Emil Köning,* Hexenprocesse, *Berlin, 1926.*

FIGURA 135 *De Emil König,* Hexenprozesse, *Berlín, 1926.*

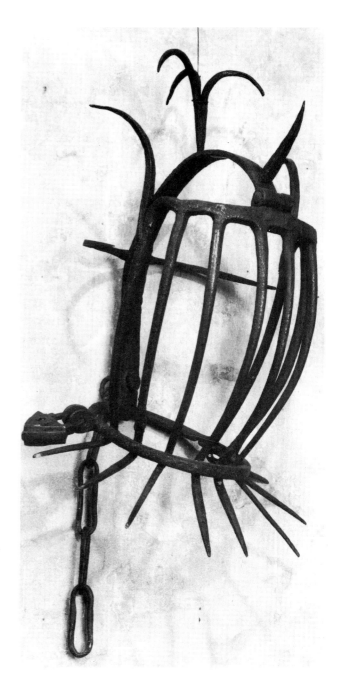

FIGURE 136 *English woodcut, about 1800, from an unidentified source. Reprinted in* Esistere come donna *(Existing as a woman),* Edizioni Mazzotta, Milan, 1983.

FIGURA 136 *Xilografía inglesa, 1800 apróx., de fuente no identificada; reproducida en* Esistere come donna *(Existir como mujer),* Edicione Mazzotta Milán, 1983.

A Note on the Sources of the Illustrations

Out of the one hundred and thirty-six illustrations from antique sources reproduced in this volume, ninety-four were photographed from the originals, the locations of which are stated in the captions where pertinent. Two others, Figs. 57 and 136, derive from modern sources also identified in the captions. The remaining forty were taken from one of the following works, all of which are recommended to anyone seeking more information on the subject at hand. Note, please, that this is not intended to be a bibliography of torture; there are scores of works in all major libraries and in all major languages, far too many to be listed here.

Di Bella, Franco: *Storia della tortura*; Milan, Sugar Editore, 1961. An envigorating treatise with a philosophical viewpoint and admirable literary style, the work of a thinker and veteran journalist.

Heinemann, Franz: *Der Richter und die Rechtsgelehrten*; original edition Leipzig, 1900; fac-simile edition by Eugen Diederichs Verlag, Cologne, 1969 and 1979. Informative, thorough, but less so than the following work.

Schild, Wolfang, et al.: *Justiz in alter Zeit*; published as the 4th in a series by the Mittelalterliches Kriminalmuseum (Museum of Mediaeval Criminology), Rothenburg ob der Tauber, Germany (B.D.R.), 1984. Scholarly and exhaustive, intelligently written and lavishly illustrated in black-and-white and in colour; most highly recommended, indispensable.

Villeneuve, Roland: *Le musée des supplices*; Paris, Henri Veyrier, 1982. Informative text, many excellent black-and-white reproductions.

Nota sobre las Fuentes de las Ilustraciones

De las ciento treinta y seis ilustraciones sacadas de fuentes antiguas, noventa y cuatro son fotografías de originales. Los lugares donde se hallan están indicados en los pies de foto. Otras dos, Figuras 57 y 136, provienen de fuentes modernas también identificadas en los pies de foto. Las otras cuarenta provienen de una de las siguentes obras, las cuales se aconsejan a todos los que deseen más información. Se hace notar que esta no es una bibliografía sobre la tortura; hay muchísimas obras, en todos los idiomas, en las mayores bibliotecas, demasiadas para poder citarlas aquí.

Di Bella, Franco: *Storia della tortura*; Milán, Sugar Editor, 1961. Un trabajo fascinante, con un punto de vista filosófico y con admirable estilo literario, producto de un pensador y veterano periodista.

Heinemann, Franz: *Der Richter und die Rechtsgelehrten*; edición original Leipzig, 1900; edición facsímil de Eugen Diedrichs Verlag, Colonia, 1969 y 1979. Informativo, completo, pero menos que la obra siguiente.

Schild, Wolfang, et al. *Justiz in alter Zeit*; publicado como 4ª en una serie del Mittelalterliches Kriminalmuseum (Museo de Criminología Medieval), Rothenburg ob der Tauber, Alemania (B.D.R.), 1984. Academico y muy completo, serio, ben ilustrado en blanco y negro y en colores; se aconseja, indispensable.

Villeneuve, Roland: *Le musée des supplices*; París, Henri Veyrier, 1982. Texto informativo, completo, numerosas y buenas ilustraciones en blanco y negro.